Accoucher sans stress

avec la méthode Bonapace

Éditeur-conseil : Jacques Lalanne
Infographie : Johanne Lemay
Photographies : Tango

Catalogage avant publication de Bibliothèque et Archives nationales
du Québec et Bibliothèque et Archives Canada

Bonapace, Julie
    Accoucher sans stress avec la méthode Bonapace

    Comprend des réf. bibliogr.

    ISBN 978-2-7619-2645-4

    1. Gymnastique prénatale et postnatale. 2. Femmes
enceintes - Santé et hygiène. 3. Accouchement -
Aspect psychologique. 4. Relaxation. 5. Massage.
I. Titre.

RG558.7.B65 2009   618.2'44   C2009-940257-2

Vous pouvez communiquer avec l'auteure :

Site Internet : bonapace.com

Courrier électronique : jbonapace@hotmail.com

03-11

© 2009, Les Éditions de l'Homme,
division du Groupe Sogides inc.,
filiale du Groupe Livre Quebecor Media inc.
(Montréal, Québec)
Tous droits réservés

Dépôt légal : 2009
Bibliothèque et Archives nationales du Québec

ISBN 978-2-7619-2645-4

DISTRIBUTEURS EXCLUSIFS :

Pour le Canada et les États-Unis :
MESSAGERIES ADP*
2315, rue de la Province
Longueuil, Québec J4G 1G4
Téléphone : 450 640-1237
Télécopieur : 450 674-6237
Internet : www.messageries-adp.com
* filiale du Groupe Sogides inc.,
  filiale du Groupe Livre Quebecor Media inc.

Pour la France et les autres pays :
INTERFORUM editis
Immeuble Paryseine, 3, Allée de la Seine
94854 Ivry CEDEX
Téléphone : 33 (0) 1 49 59 11 56/91
Télécopieur : 33 (0) 1 49 59 11 33
Service commandes France Métropolitaine
Téléphone : 33 (0) 2 38 32 71 00
Télécopieur : 33 (0) 2 38 32 71 28
Internet : www.interforum.fr
Service commandes Export – DOM-TOM
Télécopieur : 33 (0) 2 38 32 78 86
Internet : www.interforum.fr
Courriel : cdes-export@interforum.fr

Pour la Suisse :
INTERFORUM editis SUISSE
Case postale 69 – CH 1701 Fribourg – Suisse
Téléphone : 41 (0) 26 460 80 60
Télécopieur : 41 (0) 26 460 80 68
Internet : www.interforumsuisse.ch
Courriel : office@interforumsuisse.ch
Distributeur : OLF S.A.
ZI. 3, Corminbœuf
Case postale 1061 – CH 1701 Fribourg – Suisse
Commandes :
Téléphone : 41 (0) 26 467 53 33
Télécopieur : 41 (0) 26 467 54 66
Internet : www.olf.ch
Courriel : information@olf.ch

Pour la Belgique et le Luxembourg :
INTERFORUM BENELUX S.A.
Fond Jean-Pâques, 6
B-1348 Louvain-La-Neuve
Téléphone : 32 (0) 10 42 03 20
Télécopieur : 32 (0) 10 41 20 24
Internet : www.interforum.be
Courriel : info@interforum.be

Gouvernement du Québec – Programme de crédit d'impôt
pour l'édition de livres – Gestion SODEC –
www.sodec.gouv.qc.ca

L'Éditeur bénéficie du soutien de la Société de développement des entreprises culturelles du Québec pour son
programme d'édition.

Le Conseil des Arts du Canada
The Canada Council for the Arts

Nous remercions le Conseil des Arts du Canada de l'aide
accordée à notre programme de publication.

Nous reconnaissons l'aide financière du gouvernement
du Canada par l'entremise du Fonds du livre du Canada
pour nos activités d'édition.

Julie Bonapace

Accoucher sans stress

avec la méthode Bonapace

LES ÉDITIONS DE L'HOMME
Une compagnie de Quebecor Media

À Malika, mon enfant,
qui a contribué à transformer
ce rêve en réalité.

TABLE DES MATIÈRES

PRÉFACE

Julie Bonapace a conçu une méthode innovatrice de préparation à l'accouchement et de gestion de la douleur. Depuis 1989, elle enseigne cette méthode désormais reconnue à travers le monde. Conformément aux recommandations de l'Organisation mondiale de la santé (OMS) et des ministères de la Santé de nombreux pays, elle présente la grossesse et l'accouchement comme une expérience humaine marquante dont on doit préserver le caractère naturel, tout en profitant des progrès scientifiques.

Mme Bonapace a élaboré cette méthode pour faciliter le travail de la mère et lui rendre l'accouchement plus satisfaisant, mais aussi pour promouvoir la participation du père à cette étape de la vie, afin qu'il s'attache à son enfant, se sente impliqué dans son développement et soit présent. En effet, la période périnatale reste une étape cruciale pour créer et développer la relation d'attachement de l'enfant avec la mère et le père.

C'est avec une grande fierté que, depuis mai 2000 à l'hôpital Saint-Luc, le Centre hospitalier de l'Université de Montréal enseigne la *méthode Bonapace*. Chaque année, cent cinquante couples profitent d'un enseignement et d'un accompagnement structurés, sous la houlette de notre infirmière Mme Johanne Steben, qui a été formée à cette excellente méthode de préparation à la naissance.

Les cliniciens de notre milieu, infirmières et médecins, reconnaissent que les femmes qui accouchent avec la *méthode Bonapace* connaissent mieux l'évolution de l'accouchement, sont plus détendues et gèrent plus efficacement la douleur.

En outre, nous avons remarqué que les conjoints impliqués dans la démarche participent davantage à l'accouchement de leur enfant. Ils ne semblent pas désemparés et se sentent souvent utiles et fiers de leur contribution à cet événement heureux, d'autant plus que leur aide est primordiale dans la gestion de la douleur de leur conjointe.

On a aussi démontré que l'accompagnement efficace lors de l'accouchement permet de diminuer les interventions obstétricales tels les péridurales (ou épidurales), les accouchements assistés et les césariennes. Nous étudierons bientôt l'impact de la *méthode Bonapace* sur ces interventions.

Tous les cliniciens de notre milieu recommandent chaleureusement aux couples l'apprentissage de la *méthode Bonapace* pour la gestion de cette merveilleuse mais angoissante aventure qu'est la naissance de leur enfant.

MARIE-JOSÉE BÉDARD, M.D., F.R.C.S. (C)
Chef du département
d'obstétrique-gynécologie
Centre hospitalier de l'Université
de Montréal

AVANT-PROPOS

Si vous attendez un enfant, plusieurs questions surgissent dans votre esprit. La période de grossesse vous donne le temps de répondre à plusieurs d'entre elles.

Une abondante documentation décrit la période de transition qu'est la naissance. Les séances prénatales vous renseignent sur les habitudes de vie à adopter – l'alimentation de la mère et du bébé, les changements physiologiques et psychologiques, l'allaitement et les soins à apporter au nouveau-né.

Les programmes spécifiques de gestion de la douleur sont rares et la place qu'occupe le père dans cette préparation est souvent minime. Pourtant, le soutien dans la gestion de la douleur permet au père de s'investir pleinement pendant la grossesse et l'accouchement, par la pratique de différentes techniques de préparation à la naissance.

Les recherches scientifiques démontrent l'impact positif d'une préparation adéquate sur les parents. En effet, les femmes qui gèrent bien la douleur de l'accouchement consomment moins de médicaments et sont plus alertes[1]. Cette situation favorise la relation de la mère avec le bébé[2] et permet au père de jouer un rôle dynamique auprès de sa partenaire[3]. La satisfaction de chaque membre du couple est plus grande et le passage vers le rôle de parents s'opère plus facilement[4].

Les pères entraînés participent davantage aux soins du bébé que les pères qui ne le sont pas[5]. Et le fait de jouer un rôle important pendant la grossesse et l'accouchement confirme l'importance du père dans la naissance de sa famille. Son estime de soi est renforcée et les relations père-mère et père-enfant sont plus fortes. Plus la relation de couple est bonne, meilleur est le lien père-enfant[6].

Plusieurs facteurs socio-économiques influencent l'environnement dans lequel naissent et grandissent nos enfants. En outre, les femmes occupent une large part du marché du travail, la pression pour être performante au travail, en société et en famille est forte, et le taux des séparations et des divorces est élevé. Bien évidemment, ces ruptures affectent souvent les enfants qui vivent en gardes partagées ou en familles recomposées. Ces enfants vivent sous deux toits, avec des parents qui souvent se choisissent de nouveaux conjoints[7]. Or, une expérience satisfaisante à l'accouchement aidera le couple à créer une atmosphère propice au développement de l'enfant.

La méthode Bonapace offre au couple une occasion de vivre ensemble la naissance de la famille. Elle aide à développer chez chacun les habiletés et les compétences requises pour maîtriser leur douleur. Cette douleur peut renforcer la complicité des partenaires. En retour, ces compétences valorisent le fait de devenir parent.

Cela dit, la méthode Bonapace n'est pas une panacée. Elle vise à prévenir les symptômes avant l'apparition des complications, et, jumelée à une communication efficace, elle contribue à faire de la naissance une expérience satisfaisante.

Des enquêtes scientifiques ont été menées sur cette méthode à l'Université du Québec en Abitibi-Témiscamingue. Les résultats sont concluants : les femmes formées à la méthode Bonapace ressentent beaucoup moins la douleur que les femmes qui ont suivi d'autres méthodes.

Avec les méthodes conventionnelles, les femmes éprouvent de 0 à 30 % moins de douleurs que les femmes sans préparation[8, 9], une faible diminution compte tenu du caractère aigu de la douleur de l'accouchement. Par contre, avec la méthode Bonapace, la douleur est **réduite de 45 % de plus que les méthodes conventionnelles.** Cette méthode rend la douleur tolérable.

L'objectif de la méthode Bonapace est de préparer le couple à s'adapter harmonieusement à la période de transition qu'est la naissance (mais il est à noter qu'elle ne proscrit pas les interventions médicales). Elle décrit le déroulement de la naissance et aide le couple à développer des attitudes souples et positives pour vivre sereinement la grossesse et l'accouchement. Elle met en pratique les connaissances apportées par les travaux scientifiques et fait le lien entre les ressources de la médecine moderne et celles des médecines douces. Elle rallie tous les participants et les intervenants autour d'une même cause : faire de la naissance un événement sécuritaire et heureux.

Le **chapitre 1** décrit les bases de la préparation avant la naissance. Son but est d'améliorer la qualité de vie de la femme pendant la grossesse et de réduire les interventions médicales lors de l'accouchement.

Vous y apprendrez des postures et des massages qui relâchent, renforcent et soulagent le corps de la femme. Par exemple, le massage du périnée et son incidence sur les épisiotomies ; la gestion de la douleur et son lien avec les analgésiques ; les exercices physiques et les positions qui favorisent l'accouchement. Vous comprendrez comment la participation du père (ou d'une personne proche) favorise le vécu harmonieux de la grossesse et de l'accouchement.

Le **chapitre 2** explique le phénomène de la douleur. Les partenaires y découvrent les outils pour gérer la douleur lors de l'accouchement. On y décrit les avantages et les inconvénients des interventions pharmacologiques et non pharmacologiques pour soulager la douleur. En outre, la neurophysiologie explique comment réduire la douleur par la compréhension de ses origines, et elle propose des mécanismes pour la moduler lors de l'accouchement.

Le **chapitre 3** aborde le travail et l'accouchement selon les points de vue de la psychologie et de la physiologie. En comprenant mieux le déroulement de la naissance, vous augmentez votre pouvoir personnel. Vous en acquérez une vision réaliste qui réduit les peurs et les angoisses.

Le **chapitre 4** aborde une des techniques les plus efficaces pour moduler la douleur : la respiration. À la base de nombreuses méthodes de relaxation, cette technique fait appel aux centres supérieurs du cerveau et vous procure un bien-être physique et psychologique.

Le **chapitre 5** explique les positions qui favorisent le confort de la femme et le déroulement du travail. Vous y découvrirez les mécanismes qui contribuent à rendre l'expulsion du bébé efficace. Le partenaire, lui, y trouvera des consignes pour faciliter sa participation.

Le **chapitre 6** décrit minutieusement les massages : visage, dos et acupression. À l'aide des zones réflexes, vous pourrez moduler la douleur et prévenir certaines difficultés de l'accouchement.

Le **chapitre 7** présente une technique efficace pour réduire la douleur : la relaxation. Grâce à cette technique, vous pourrez relâcher les tensions et désamorcer le cycle peur-tension-douleur.

Le **chapitre 8** vous initie à une technique puissante pour augmenter votre bien-être lors de l'accouchement : l'imagerie mentale, grâce à laquelle vous vous détendrez et préparerez à chaque étape du travail. Cette technique vous aidera aussi à mieux gérer les imprévus associés à la naissance. En effet, si vous imaginez les scénarios possibles avec calme et confiance, vous agirez de concert avec le déroulement du travail et de l'accouchement.

Les bénéfices de la participation active du père pendant la grossesse et l'accouchement sont considérables. Pour cette raison, cette méthode est centrée sur le couple. Comme père, vous apprendrez de nombreuses techniques qui vous rendront efficace dans l'art d'accompagner et de soutenir votre femme. Une partie importante de ce livre vous est destinée. Toutefois, les termes « accompagnant » ou « partenaire » désignent toute personne qui accompagne la femme à l'accouchement.

Quant au lieu de l'accouchement, l'expression « centre hospitalier » englobe tous les endroits où les partenaires choisissent de mettre leur enfant au monde : hôpital, maison des naissances, clinique de maternité, etc.

Au début de chaque chapitre, vous trouverez un encadré avec les objectifs de chaque section et les outils à utiliser pour y parvenir. D'autres tableaux résument les notions importantes traitées dans le chapitre.

Les fonctions du partenaire et de la femme pendant la grossesse et l'accouchement sont mises en évidence pour toutes les sections. Cela permet à chacun de comprendre son rôle, ses besoins et ses attentes.

De nombreuses figures et illustrations facilitent la compréhension des concepts. À la fin du livre, un glossaire définit les termes spécialisés utilisés dans cet ouvrage. Les notes démontrent la fiabilité des différents éléments de la méthode. Elles se trouvent à la fin de l'ouvrage.

La méthode Bonapace est enseignée dans plusieurs pays, par des formateurs certifiés et reconnus par l'auteure de la méthode. En participant aux séances de préparation à la naissance que donnent ces professionnels expérimentés, vous pourrez apprendre et pratiquer les éléments suivants.

1. Prévention prénatale. Exercices, postures et massages pour prévenir, renforcer, détendre et soulager.
2. Travail et accouchement. Les réactions physiologiques et psychologiques pendant la grossesse et l'accouchement ; la modulation de la douleur et les techniques respiratoires.
3. Positions de travail et d'accouchement.
4. Préparation physique et mentale par la pratique de techniques de relaxation et d'imagerie mentale.
5. Modulation de la douleur par les massages légers et par la stimulation des zones réflexes.
6. Accompagnement. Soutien, renforcement positif, massages, respirations, positions et relaxation.

Je dédie cet ouvrage aux femmes et aux hommes qui désirent préparer ensemble la naissance de leur enfant.

JULIE BONAPACE, M. Ed.

CHAPITRE I

LA PRÉPARATION

DEPUIS longtemps, un proverbe nous rappelle que *mieux vaut prévenir que guérir*. La prévention et la promotion de la santé font maintenant partie des interventions en santé physique et psychologique.

De nombreuses femmes souffrent des difficultés associées à la grossesse : maux de dos, constipation, crampes aux mollets, etc. Vous pouvez vous soulager en prenant des postures adaptées (debout, assise, couchée) et en pratiquant les exercices spécifiquement mis au point pour les femmes enceintes.

Pour vous aider, nous avons créé une séance de gymnastique douce d'une durée de quelques minutes. Elle permet de renforcer, de soulager et de détendre les zones du corps qui sont les plus sollicitées pendant la grossesse : bas du dos, abdominaux, adducteurs, plancher pelvien et muscle piriforme.

Par ces massages et ces mouvements, vous minimiserez les interventions médicales. Par exemple, la pratique du massage du périnée réduit les lésions de cette région, et la pratique des exercices pour les abdominaux diminue les risques de maux de dos et facilite la récupération après la naissance. De plus, la pratique de certaines positions favorise le positionnement tête en bas de votre bébé pendant la grossesse.

Sommaire du chapitre 1: La préparation

OBJECTIFS	MOYENS
Soulager les maux de dos et les tensions du corps.	Massage de certaines régions tendues. Pratique de postures appropriées. Apprentissage de mouvements et d'exercices physiques pour tonifier et détendre le corps.
Prévenir les lésions du périnée.	Massage du périnée. Exercices pour assouplir le plancher pelvien.
Favoriser un accouchement normal.	Pratique d'exercices pour positionner le bébé adéquatement pendant la grossesse.
Favoriser l'expulsion du bébé.	Utilisation appropriée des muscles abdominaux.
Sensibiliser le couple à l'importance du rôle du père comme accompagnant.	Connaissance du déroulement du travail et de l'accouchement (chapitre 3).
Favoriser la participation d'un accompagnant ou d'une accompagnatrice.	Connaissance des techniques pour moduler la douleur (chapitre 2).

Durant la préparation, le rôle de l'accompagnant consiste à soutenir la femme dans sa pratique régulière du massage du périnée et du muscle piriforme, et à se préparer à guider la femme pendant la grossesse et l'accouchement.

Le rôle de la femme consiste à réduire ses malaises physiques par la pratique de postures, d'exercices et de massages.

POSTURES DURANT LA GROSSESSE

La grossesse entraîne chez la femme plusieurs transformations du corps. L'augmentation du poids et la sécrétion d'une hormone appelée relaxine ont un effet sur les muscles et les tissus. L'élasticité du corps augmente. Sa capacité de réaction au stress change. Tous ces phénomènes affectent la posture et justifient l'importance de cultiver de bonnes habitudes posturales, que vous soyez debout, assise ou couchée.

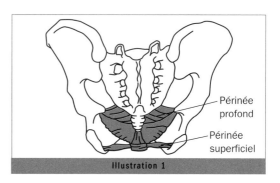

Périnée
profond

Périnée
superficiel

Illustration 1

Debout

À mesure que le bébé se développe, la femme tend à s'incliner vers l'arrière en cambrant son dos pour maintenir son équilibre (voir figure 1, page 20) ce qui augmente la pression à l'intérieur de l'abdomen, contre les muscles grands droits (voir illustration 3, page 28) et ceux du périnée (voir illustrations 1 et 2).

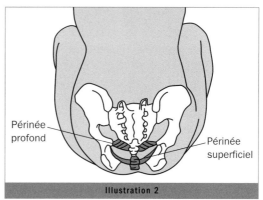

Périnée
profond

Périnée
superficiel

Illustration 2

Le périnée est l'ensemble complexe des muscles qui ferment le bassin. Il est composé du périnée superficiel, qui comprend les muscles des orifices (vulve, méat urinaire, anus), et du périnée profond. Le périnée profond est composé de muscles extrêmement résistants qui s'opposent aux pressions vers le bas des organes et des viscères de l'abdomen. Il agit comme une toile de trampoline qui sera particulièrement sollicitée pendant la grossesse et l'accouchement.

En fin de grossesse, vous pouvez sentir une pesanteur inconfortable au fond du vagin ou derrière l'os pubien. Cette sensation désa-

gréable donne envie, pour la soulager, de fermer le bassin en croisant les jambes et en serrant les fesses, ce qui crée des contractions musculaires involontaires et des tensions dans le périnée profond.

Pour corriger cette pesanteur et pour vous aider à maintenir une posture debout correcte (qui permet de détendre le périnée profond), pratiquez l'exercice suivant.

POSTURE N° 1 :
POSTURE DEBOUT

1. Gardez les pieds parallèles, légèrement écartés, les talons au sol.
2. Placez les bras le long du corps et imaginez un long fil, partant de la tête, qui vous étire vers le haut.
3. Verrouillez les genoux en les raidissant.
4. Tout en gardant les genoux tendus, tentez de tourner les fémurs (cuisses) vers l'extérieur, sans bouger les pieds ni les talons : les genoux tournent légèrement vers l'extérieur, les fesses se resserrent et le bassin bascule.
5. Relâchez les fesses sans changer le positionnement du bassin. Cela assure la détente du périnée profond.
6. Expirez en rentrant et en soulevant le nombril.

Fig. 1

Fig. 2

FONCTIONS
Pendant la grossesse
- Prévenir les maux de dos liés à la cambrure du bas du dos.
- Détendre le périnée profond afin de réduire le phénomène de pesanteur désagréable ressentie dans le vagin et derrière l'os pubien.

Vous ne devez pas ressentir de poids sur le périnée, sauf à la fin de la grossesse, quand le bébé commence à descendre dans le bassin, ou lors d'efforts importants (vomissements, éternuements, toux). Consultez votre professionnel de la santé si vous ressentez un poids désagréable sur le périnée.

À l'accouchement
- Réduire les douleurs qui sont augmentées par le périnée profond tendu.

POSTURE NO 2 :
POSTURE DEBOUT, PIED APPUYÉ

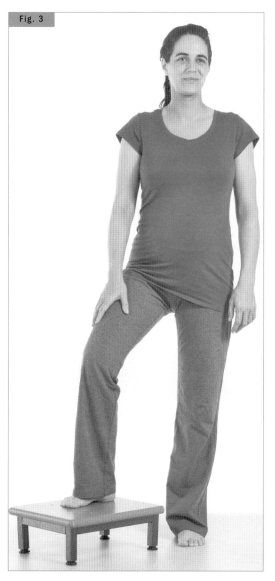

Fig. 3

Autres recommandations
* Idéalement, portez des talons plats.
* Préférez les chaussures qui supportent bien les pieds.
* Évitez de rester trop longtemps debout sans bouger. Si vous devez le faire, placez un tabouret sous un pied et évitez tout déhanchement.

Assise

Pour prévenir les maux de dos en position assise, maintenez la posture suivante.

POSTURE NO 3 :
POSTURE ASSISE SUR UNE CHAISE
1. Gardez les pieds posés au sol et les genoux légèrement plus élevés que les hanches (si le siège est trop haut, mettez les pieds sur un tabouret).
2. Gardez le dos droit. N'écrasez pas le dos.
3. Asseyez-vous sur les os pointus sous les fesses (ischions).
4. Relevez-vous de la chaise en expirant et en poussant sur vos jambes ou sur les bras de la chaise.

POSTURE NO 4 :
POSTURE ASSISE EN TAILLEUR
1. Assise au sol, en tailleur, placez un oreiller sous les fesses.
2. Pour bien positionner le bassin, attrapez vos fesses (ischions) dans vos mains, puis tirez vers l'arrière en enlevant les mains.
3. Imaginez le fil qui vous étire vers le haut.

Fig. 4

Fig. 5

POSTURE N^O 5 :
POSTURE ASSISE À GENOUX
1. À genoux, assise au sol, placez entre les jambes un oreiller plié en deux et un autre par-dessus.
2. N'écrasez pas la colonne.
3. Faites que la courbure du dos soit harmonieuse.

Quand le dos est bien positionné, les muscles sont allongés. À l'expiration, resserrez la ceinture abdominale en rentrant et en remontant le nombril. L'inspiration se fait toute seule, par réflexe. Ne poussez pas sur le ventre.

Couchée

Si vous êtes sujette aux étourdissements ou aux malaises quand vous êtes sur le dos, glissez un coussin sous la hanche droite. Sinon, préférez la position couchée sur le côté gauche.

Pour éviter les étourdissements occasionnés par les changements brusques de position et pour ne pas faire forcer inutilement le dos, levez-vous lentement du lit en respectant les étapes suivantes.

POSTURE N^O 6 :
SE LEVER DU LIT PROGRESSIVEMENT
1. Étendue sur le dos, pliez la jambe droite et levez le bras droit (figure 6).
2. Tournez-vous vers la gauche (ou l'inverse, jambe et bras gauches) (figure 7).

Fig. 6

3. Faites rouler les épaules et les hanches en venant poser le bras droit et le genou droit sur le lit. Le corps est maintenant allongé sur le côté (figure 7).

4. Prenez appui sur les mains et décollez le corps du lit (figure 8). Ne contractez pas les muscles abdominaux grands droits (voir illustration 3, page 28).

5. Mettez les pieds au sol et levez-vous (figures 9 et 10).

Fig. 7

Fig. 8

Fig. 9

Fig. 10

Fig. 11

Pour faciliter la relaxation et éviter l'accumulation de tensions en position étendue, pratiquez la position suivante (figure 11).

POSTURE Nº 7 :
POSTURE COUCHÉE SUR LE DOS,
TÊTE ET GENOUX RELEVÉS

1. Pliez en deux un oreiller et appuyez-le au mur. Il servira à supporter la région lombaire (bas du dos).

2. Placez un autre oreiller en long, pour appuyer les épaules.

3. Jambes écartées et fléchies, placez des oreillers sous les genoux, le premier plié en deux et l'autre placé en long.

4. Pratiquez les respirations et détendez-vous.

| Fig. 12 | Fig. 13 | Fig. 14 | Fig. 15 |

Soulever un poids

Pour prévenir les maux de dos et préserver votre équilibre, voici quelques indications que vous pouvez pratiquer chaque fois que vous soulevez des poids[10].

POSTURE N° 8 :
SOULEVER UN POIDS

1. Placez-vous face à l'objet à soulever et encadrez le poids en rapprochant votre centre de gravité de celui-ci.
2. Écartez les pieds et les genoux afin d'augmenter votre équilibre et de dégager l'abdomen.
3. Orientez les pieds dans le sens du déplacement prévu. Ne pas tourner le corps en soulevant le poids.
4. Pliez les genoux tout en gardant le dos droit et servez-vous de la force des jambes pour soulever l'objet.
5. Assurez-vous d'une bonne prise. Utilisez la base des doigts et la paume des mains pour saisir la surface la plus étendue possible.
6. Gardez les bras tendus. Utilisez-les pour contrôler l'équilibre du poids, mais pas pour soulever l'objet.
7. Verrouillez le bassin en position aplatie (dos non creux) et en rentrant le nombril (ceinture abdominale serrée). Cette posture distribue la charge sur toute la longueur de la colonne vertébrale.

8. Envoyez la tête vers l'arrière, menton vers la poitrine. Ce mouvement facilite le maintien d'un dos droit.
9. Soulevez le poids sur une expiration profonde complète.

Pour soulever un jeune enfant, aidez-le à se servir d'un tabouret ou procédez de la façon suivante.

POSTURE N° 9 :
SOULEVER UN
JEUNE ENFANT

1. Serrez l'enfant contre vous.
2. Pliez les jambes.
3. Gardez le dos droit.
4. Serrez les fesses pendant l'effort.

| Fig. 16 |

EXERCICES DURANT LA GROSSESSE

Certaines zones du corps de la femme enceinte sont sollicitées davantage durant la grossesse et l'accouchement. La séance d'étirements et de contractions musculaires que nous vous proposons prépare le corps à l'enfantement. Ces exercices ont plusieurs buts.

- Détendre les muscles paravertébraux, particulièrement ceux du bas du dos qui assument le maintien de la posture en position debout (ces muscles luttent contre le déplacement vers l'avant du bassin occasionné par le poids du bébé).
- Tonifier et détendre les muscles de l'intérieur des cuisses (adducteurs) et ceux du plancher pelvien (périnée). Ils doivent être forts pour assurer un support et une stabilité des os du bassin, et souples pour permettre l'ouverture extraordinaire du bassin et le passage du bébé lors de l'accouchement.
- Prendre conscience du périnée profond et le détendre pour mieux le relâcher pendant l'accouchement.
- Tonifier les muscles abdominaux profonds qui agiront plus efficacement, comme le ferait une bonne ceinture.
- Assouplir le muscle piriforme qui prend origine au sacrum et qui est souvent contracté, ce qui entraîne, dans bien des cas, des douleurs irradiant dans la fesse, la hanche et la cuisse.

Voici une séance de base qui peut être exécutée quotidiennement ou au besoin. Elle comporte des exercices et des massages simples.

Positionnement du corps

Une posture correcte libère le diaphragme et entraîne une respiration libre où le ventre se serre et se détend. Pendant la séance d'exercices, vous devez être à l'aise et en mesure de rentrer et de soulever le nombril. Le dos est allongé, sans cambrure. Entre les exercices, reposez-vous en vous couchant sur le côté. Cessez tout mouvement qui provoquerait une douleur ou un inconfort quelconque.

EXERCICE N^O 1 :
EFFACER LA CAMBRURE DU DOS
1. Étendez-vous sur le sol, un petit oreiller sous la tête, gardant les épaules en appui au sol.
2. Gardez les genoux fléchis et légèrement écartés, les pieds alignés avec les fesses.
3. Maintenez le menton légèrement ramené vers la poitrine et la nuque allongée, comme si un fil partant de la tête vous grandissait.

Fig. 17

EXERCICE N° 2 :
ALLONGER LE DOS

1. Soulevez les fesses du sol de quelques centimètres.
2. Prenez vos hanches dans vos mains et faites tourner le bassin, alors qu'il est soulevé.
3. Repoussez les hanches le plus loin possible des épaules et reposez doucement le dos au sol, vertèbre par vertèbre, en commençant par le haut. Pour empêcher le bassin de rebasculer, tenez-le avec les mains.
4. Relâchez les fesses et le ventre.
5. Laissez-vous inspirer.
6. Placez les mains sur le ventre ou mettez les bras le long du corps, à votre convenance.

Fig. 18

Muscles adducteurs et périnée

La pression et le poids exercés par les viscères et les muscles abdominaux sur le plancher pelvien peuvent créer des complications et augmenter l'intensité de la douleur pendant le travail.

Pour diminuer le risque de douleur et de sensation désagréable de pesanteur pelvienne, le périnée doit être en état de tonus équilibré : ni trop tendu, ni trop relâché.

Afin de protéger le périnée avant chaque effort (vomissements, éternuements, toux), contractez-le sur l'expiration en fermant le bassin (serrez les jambes et les fesses). Cela empêche la pression de s'exercer vers le bas. De plus, en prenant l'habitude de serrer la ceinture abdominale (rentrer le nombril), la pression est dirigée vers le haut seulement. Ce mouvement aide à renforcer, à assouplir et à protéger le périnée.

EXERCICE N^O 3 :
PRISE DE CONSCIENCE
DU PÉRINÉE PROFOND

1. Expirez en rentrant le nombril et en prenant conscience du périnée qui se contracte par réflexe. Lors de l'inspiration passive, laissez le ventre se relâcher et prenez conscience de la détente passive du périnée.

2. Si vous sentez difficilement le périnée profond, soufflez par la bouche en serrant les lèvres : la pression que vous sentez dans le bas du bassin correspond à la contraction du périnée profond, en réaction à la pression exercée par le souffle.

3. Pour détendre le périnée, pratiquez la même expiration en soufflant par la bouche et en relâchant les lèvres. Cette fois, relâchez les muscles des fesses. La sensation sur le périnée (plus nette et moins désagréable) est moindre, parce que vous l'avez détendu. Cette prise de conscience du périnée peut aussi se faire en position debout (voir figures 1 et 2, page 20).

4. Lors des contractions, relâchez les lèvres et la bouche. Laissez sortir l'air sans résister et relâchez le périnée profond.

EXERCICE N^O 4 :
ASSOUPLISSEMENT DES MUSCLES
ADDUCTEURS

1. Maintenez la position de base : menton rentré, nuque allongée et bassin basculé avec les mains.

2. Tournez vers le ciel la paume des mains et placez les pieds plante contre plante.

3. Respectez le degré d'ouverture des jambes sans créer de malaise, ni aux jambes ni au dos.

FONCTIONS

Pendant la grossesse

- Détendre le périnée profond pour réduire la pesanteur désagréable ressentie dans le vagin et derrière l'os pubien.

- À cause de l'expiration faite en rentrant le nombril, ces exercices sont excellents pour tonifier les muscles abdominaux profonds (transverse et obliques, voir illustration 3, page 28).

Pendant l'accouchement

- Réduire la douleur qui est grandement augmentée par un périnée profond contracté.

Fig. 19

Muscles abdominaux

L'abdomen est fermé devant par une paroi abdominale constituée de plusieurs couches musculaires. La couche superficielle est composée des grands droits, des muscles qui, sous les efforts violents et la grossesse, ont tendance à s'écarter de la ligne centrale.

Pour éviter cette complication de la grossesse, il est recommandé de tonifier les muscles abdominaux profonds qui, à leur tour, protégeront les muscles grands droits.

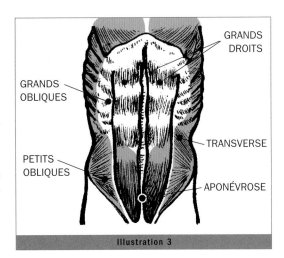

Illustration 3

EXERCICE N^O 5 :
TONIFIER LES MUSCLES ABDOMINAUX
1. Commencez la respiration en expirant.
2. Gardez le bassin basculé, comme dans l'exercice 1.
3. Expirez en rentrant et en remontant le nombril. Vous devez avoir la sensation d'agir au niveau du ventre.

4. À l'inspiration, laissez l'air entrer seul.
5. Détendez le ventre et relâchez tout effort.
6. Recommencez quelques fois le cycle en débutant par l'expiration.

Fig. 20

Fig. 21

Fig. 22

Fig. 23

Pour éviter l'écartement des grands droits et la descente des organes :
- Pendant la grossesse, ne contractez pas les grands droits, ces muscles qui font sortir le ventre.
- Travaillez toujours avec les abdominaux profonds qui rentrent, remontent, resserrent et soutiennent.

- Avant tout effort, contractez le périnée sur l'expiration en serrant les jambes et les fesses.
- Prenez du poids normalement (maximum 10 kg).

Muscle piriforme

Le muscle piriforme est situé dans la fesse, reliant le sacrum au côté interne de la pointe du grand trochanter (tête du fémur). Grâce au muscle piriforme, il nous est possible, debout, de tourner le pied vers l'extérieur et de lever la jambe de côté.

Comme il reçoit une grande partie des tensions du bas du corps, nous avons recours au point d'acupuncture VB 30 (le Huantiao) pour disperser ces tensions accumulées. Plus la zone réflexe est sensible au toucher, plus le massage est nécessaire.

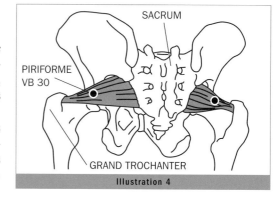

Illustration 4

EXERCICE N° 6 :
DÉTENDRE LE MUSCLE PIRIFORME
Prendre la posture adéquate

1. Reprenez la posture de départ. Basculez le bassin, allongez la nuque et ramenez le menton vers la poitrine.
2. Expirez en rentrant et en remontant le nombril. Si votre posture est bonne, vous pouvez serrer le ventre et le relâcher.
3. Prenez conscience du périnée et expirez en amenant un genou sur l'abdomen. Attention de ne pas contracter les grands droits. Rentrez seulement le nombril en remontant le genou.
4. Placez une balle de caoutchouc souple, de la grosseur d'une orange, sous le piriforme, sur le côté de la fesse.
5. Posez la main sur le genou.
6. Trouvez une position confortable, de sorte que la jambe puisse s'abandonner pour laisser la main faire le travail.

Fig. 24

Faire l'exercice

1. Inspirez en écartant la jambe de côté, de façon à sentir la fesse entrer en contact avec la balle. Le degré d'ouverture de la jambe est déterminé par l'autre jambe qui doit être maintenue dans l'axe du corps tout au long de l'exercice. Ne créez pas d'inconfort.
2. Expirez profondément en rentrant le nombril vers le haut et en prenant conscience du périnée. Ramenez la jambe à la position de départ et répétez de l'autre côté.
3. Revenez en position de base.

Fig. 25

Fig. 26

EXERCICE Nᵒ 7 :
TORSION ET INSPIRATION
AVEC LES CÔTES

Fig. 27

1. Enlevez le petit oreiller de sous la tête et placez les bras en croix, les paumes vers le haut.
2. Inspirez en écartant les côtes.
3. Expirez en balançant doucement les genoux ensemble, de gauche à droite.
4. Roulez la tête doucement au sol dans le sens contraire. Harmonisez le mouvement, de sorte que la tête et les jambes croisent l'axe du corps en même temps. Laissez-vous bercer.
5. Revenez en position de base.

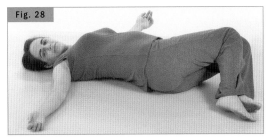

Fig. 28

Technique pour localiser le muscle piriforme

Prendre la position

1. Couchez-vous sur le côté droit.
2. Allongez la jambe droite en dessous.
3. Pliez la jambe gauche au-dessus.
4. Reposez le pied gauche derrière le genou droit.
5. Vous pouvez placer un oreiller sous le genou gauche.

Fig. 29

Localiser le piriforme

1. Longez le côté de la jambe, la main à plat, jusqu'à sentir la protubérance du grand trochanter, à la tête du fémur. Placez le doigt juste au-dessus de cette bosse.
2. Imaginez le lieu de séparation des fesses.
3. Imaginez une ligne entre ces deux points et séparez-la en trois parties égales.
4. Le point qui correspond au premier tiers, près du grand trochanter, est le VB 30.

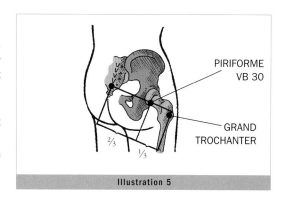

PIRIFORME
VB 30

GRAND
TROCHANTER

²/₃   ¹/₃

Illustration 5

Massage du muscle piriforme
(Huantiao ou point d'acupuncture VB 30)

1. Appliquez une pression avec le doigt pendant trente secondes.
2. Relâchez.
3. Répétez trois fois.

Note : Si la stimulation est trop désagréable, massez avec la paume de la main plutôt qu'avec le pouce. Si vous pratiquez seule ce massage, utilisez la technique de l'exercice 6 (voir figures 24 à 26, page 29).

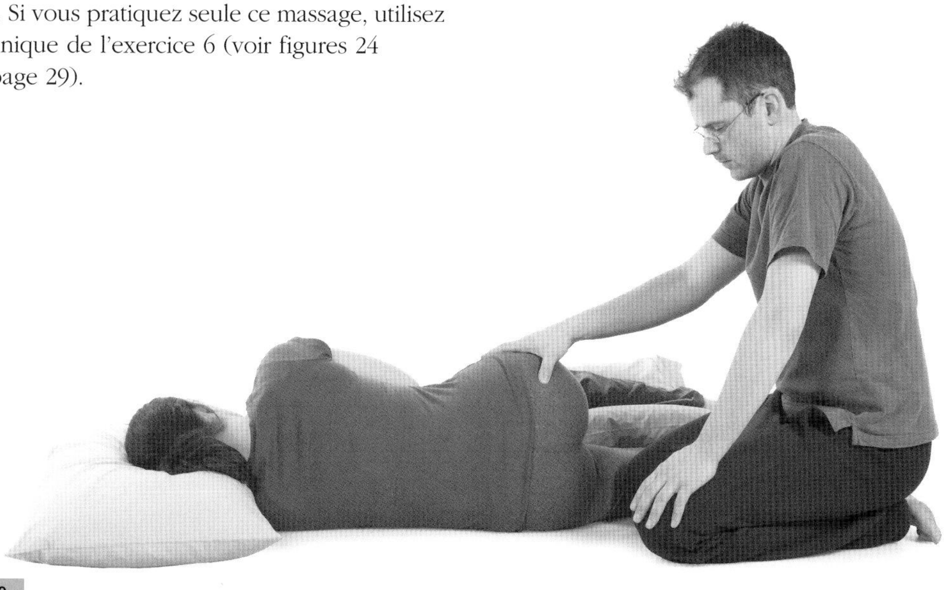

Fig. 30

Autre technique pour décontracter le muscle piriforme

Faites de grands mouvements, mains à plat, partant du VB 30 et montant vers les côtes, et descendez ensuite le long de la jambe. Les tensions sont ainsi réparties sur une plus grande surface sans créer d'inconfort.

Vous pouvez appliquer de l'huile chinoise à base d'eucalyptus, de menthol, ou du baume du tigre (rouge ou blanc) pour détendre ce muscle.

Plus le VB 30 est sensible, plus vous avez avantage à le masser souvent et en profondeur pendant quelques minutes, tous les jours si possible. Le VB 30 est d'un grand secours pour soulager le bas du corps pendant la grossesse et pour altérer la douleur lors des contractions de l'accouchement. Consultez le chapitre 6 pour en savoir davantage.

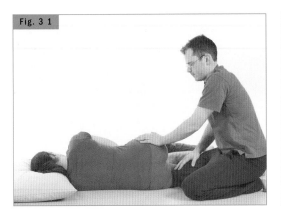

Fig. 3 1

Fig. 32

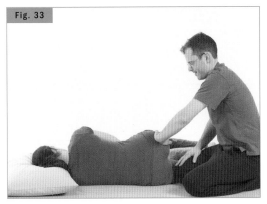

Fig. 33

Fig. 34

Massage des muscles du périnée

Ce massage concerne une partie du périnée superficiel et la partie inférieure du périnée profond que l'on peut sentir à l'entrée du vagin.

C'est un moyen de préparer une partie de ces muscles à l'étirement que l'expulsion du bébé occasionnera. C'est aussi un moyen de minimiser le risque de lésion pendant l'accouchement[11].

Un autre objectif du massage est d'étirer les muscles du plancher pelvien et de les désensibiliser pour que vous puissiez pousser sans être gênée par la sensation de brûlure occasionnée par l'expulsion.

Enfin, le massage permet à la mère de faire connaissance avec cette zone du corps que beaucoup de femmes ignorent et n'osent pas toucher.

Pour être efficace, le massage doit être pratiqué une fois par jour, à compter de la 32ᵉ semaine ou même avant. Le partenaire peut aussi s'en charger. Il lui suffit d'être attentif aux signes que la femme émet. Pendant le massage, imaginez les muscles qui se relâchent et répétez mentalement : « J'ouvre le passage pour mon bébé. Mon périnée est souple et détendu. »

Ce massage de trois à quatre minutes peut être pratiqué dans un bain chaud, sous la douche ou au lit. Si vous avez du mal à localiser le périnée et l'ouverture du vagin, installez-vous confortablement sur des oreillers et, à l'aide d'un miroir, examinez les différentes parties de la vulve. Le massage se fera sur la région du périnée située entre l'ouverture du vagin et l'anus. Pour vous aider, utilisez une huile d'amande douce, du beurre de cacao, de la vitamine E ou un lubrifiant naturel.

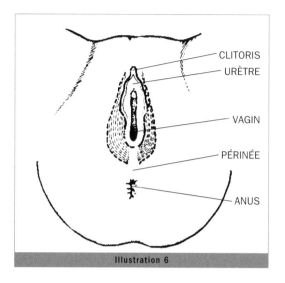

CLITORIS
URÈTRE
VAGIN
PÉRINÉE
ANUS

Illustration 6

Contre-indication

Ne pratiquez pas le massage du périnée si vous avez eu des lésions ou de l'herpès actif durant votre grossesse actuelle, ou si vos membranes se sont rompues prématurément. Consultez d'abord votre intervenant médical.

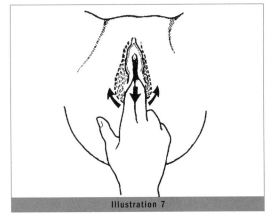

Illustration 7

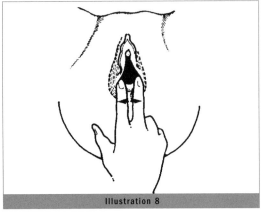

Illustration 8

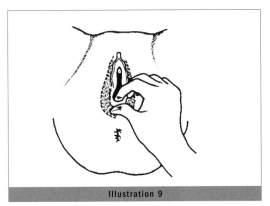

Illustration 9

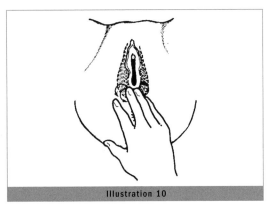

Illustration 10

Étapes du massage

1. Lavez-vous les mains.
2. Huilez le périnée et le rebord inférieur du vagin.
3. Insérez l'index et le majeur ou le pouce à l'intérieur du vagin (3 à 4 cm) (ill. 7).
4. Faites des demi-cercles en appuyant sur le plancher pelvien vers l'anus et les côtés pendant trente secondes (ill. 7).
5. Délicatement, relâchez l'ouverture tout en appuyant et en étirant, à l'aide de l'index et du majeur, jusqu'à ce qu'une légère sensation de brûlure ou de picotement se fasse sentir (ill. 8).
6. Maintenez cette pression et cet étirement pendant une minute pour que la zone s'engourdisse (ill. 8).
7. Pendant trente secondes, massez entre l'index et le pouce la peau fine qui couvre le rebord inférieur du vagin. Elle deviendra plus épaisse et moins sensible. Vous pourrez constater les effets après deux à trois semaines de massage. (ill. 9)
8. Massez le périnée pendant trente secondes en faisant des mouvements circulaires ou de balayage. S'il y a lieu, concentrez vos mouvements sur la cicatrice d'une précédente épisiotomie, car ce tissu est moins élastique (ill. 10).
9. Lavez mains et vulve.

Relâchez les muscles du visage, de la bouche et des jambes pendant la pratique du massage. Visualisez le périnée qui s'étire et répétez mentalement : «J'ouvre le passage pour mon bébé. Mon périnée est souple et détendu.»

Les muscles qui auront été étirés lors de la naissance pourront reprendre leur forme grâce aux exercices pour les muscles adducteurs et le périnée (voir exercices 1 à 4).

SOLUTIONS À CERTAINS PROBLÈMES

Constipation

Certaines femmes enceintes vivent le désagrément de la constipation. Le cas échéant, ajoutez à votre régime des aliments complets riches en fibres (blé entier, son de maïs ou d'avoine), des légumes et des fruits crus ou séchés (pruneaux, figues, raisins, abricots, etc.).

Prenez la posture accroupie en balançant le corps de la droite vers la gauche et de l'avant vers l'arrière, en faisant des rotations complètes.

Placez un oreiller sous les talons s'ils ne reposent pas au sol.

Fig. 35

Crampes aux mollets

Les crampes aux mollets sont fréquentes et douloureuses. Pour les prévenir, évitez de pointer les pieds et surveillez la circulation sanguine. Pour les faire disparaître, étirez les mollets de la façon suivante.

Debout
1. Un pied à plat au sol, glissez celui de la jambe douloureuse aussi loin que possible vers l'arrière.
2. Pliez légèrement l'autre jambe.
3. Revenez à la position initiale.
4. Répétez plusieurs fois cet exercice.

Fig. 36

Allongée sur le lit

Note : Quelqu'un devra vous aider à faire cet étirement.

1. Étendez la jambe douloureuse.
2. Demandez à votre partenaire d'appuyer doucement sur le genou d'une main et d'exercer avec l'autre main une pression sur la plante de votre pied, jusqu'à ce que celui-ci forme un angle de moins de 90° avec la jambe.
3. Maintenez cette pression pendant cinq à dix secondes.
4. Répétez plusieurs fois.

Fig. 37

Rotation du fœtus

Au moment de l'expulsion, le bébé a normalement la tête vers le bas (voir illustration 31, page 113). Cependant, les fesses se présentent parfois en premier (présentation de siège). Certaines mesures préventives peuvent être pratiquées pendant la grossesse pour favoriser le positionnement correct du bébé.

Les deux mouvements suivants semblent inciter le bébé à tourner la tête vers le bas[12]. Exercez-vous quotidiennement, chaque fois que vous sentez le fœtus bouger.

POSTURES POUR AIDER LE BÉBÉ
À DESCENDRE LA TÊTE

Posture à genoux, recroquevillée en boule

1. Mettez-vous à genoux, les jambes légèrement écartées.
2. Appuyez la tête et les épaules sur un oreiller.
3. Pratiquez des respirations abdominales pendant quelques minutes.

Fig. 38

Posture à genoux, tête au sol, fessier relevé

1. Mettez-vous à genoux en gardant les épaules près du sol.
2. Conservez cette position de deux à cinq minutes.
3. Expirez en rentrant et en remontant le nombril.

Les résultats peuvent se manifester dans les trois semaines qui suivent le début de la pratique de l'exercice.

Note : Ces deux mouvements sont contre-indiqués pour les femmes souffrant d'hypertension.

Fig. 39

Pratiqués régulièrement, tous les exercices sont bénéfiques : ils améliorent votre qualité de vie en soulageant vos malaises et ils contribuent à réduire les complications pendant la grossesse et l'accouchement.

L'ACCOMPAGNEMENT

Participer à un accouchement est une expérience riche et intense. À cause de l'intensité de la douleur que subissent les femmes, l'accompagnement est nécessaire. Pendant la naissance, plusieurs femmes éprouvent de la difficulté à identifier clairement leurs besoins. Tantôt l'accompagnant est trop loin, tantôt il est trop près, les interventions sont trop fréquentes ou trop peu nombreuses, le toucher est trop ferme ou pas assez, etc. Si l'accompagnant ne sait pas décoder les messages de la femme, il devient rapidement confus et peut vouloir se retirer.

La préparation prénatale de l'accompagnant influence sa perception de l'accouchement. Les pères qui ont préparé la naissance de leur enfant ont une perception beaucoup plus positive de leur conjointe que les autres[13].

Les femmes dont le partenaire participe activement à l'accouchement éprouvent moins de douleurs et sont plus satisfaites que celles dont le partenaire n'est pas présent ou ne joue pas de rôle important[14].

L'accompagnement est essentiel. Plus les partenaires seront bien préparés, plus l'expérience sera gratifiante. Si le père, pour quelque raison que ce soit, ne peut pas participer, la présence d'une personne réconfortante et rassurante vous aidera grandement. La préparation prénatale s'adresse donc autant à l'accompagnant qu'à la mère.

Pour participer efficacement, l'accompagnant doit :

1. **Connaître le déroulement du travail et de l'accouchement.** Une compréhension précise des différentes étapes du travail et de l'accouchement permet au partenaire d'intervenir efficacement. Il sait quoi faire pour soulager la femme, quand et comment le faire. Il décode les signes de stress et de détresse et il réconforte la femme au besoin. Cela améliore sa confiance de pouvoir intervenir efficacement.

2. **Connaître les techniques pour moduler sa perception de la douleur.** En connaissant les types de respiration (voir chapitre 4), les positions pour soulager la femme lors du travail et de l'accouchement (voir chapitre 5), les massages (voir chapitre 6), la relaxation (voir chapitre 7) et l'imagerie mentale (voir chapitre 8), l'accompagnant peut aider à soulager la femme et lui être d'un précieux secours.

Le prochain chapitre décrit les sources de la douleur et les façons de la gérer. Il vous aidera à saisir les différentes composantes de la douleur et les techniques à pratiquer pour la réduire.

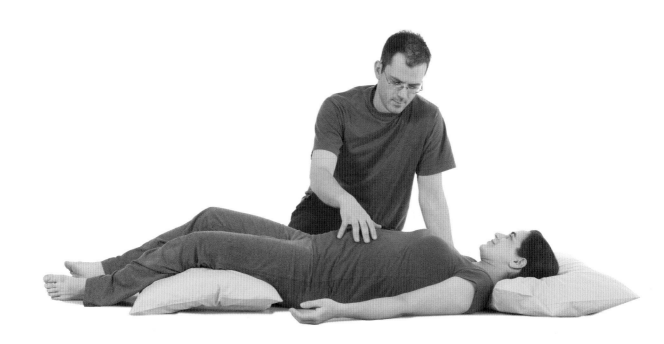

CHAPITRE 2

LA MODULATION DE LA DOULEUR

LA DOULEUR est «une expérience sensorielle et émotionnelle désagréable en relation avec une lésion tissulaire réelle ou potentielle[15]». Cette expérience subjective est influencée par de nombreux facteurs physiologiques et psychologiques. Voilà pourquoi la douleur est perçue différemment par chacun.

La peur et l'anxiété liées à la naissance comptent parmi les facteurs qui influencent le plus la perception de la douleur. Une connaissance juste des mécanismes associés au déroulement normal du travail et de l'accouchement réduit les peurs et les angoisses, donc la douleur.

De plus, la présence du père auprès de sa partenaire contribue à rassurer la femme et à la soulager[16, 17]. Plus la femme a confiance en ses habiletés à faire face à l'accouchement, meilleures sont ses réactions à la douleur[18].

Les facteurs culturels jouent un rôle déterminant. La famille apparaît sans contredit comme la plus importante source de conditionnement face à la douleur. La mémoire des expériences douloureuses passées, les réactions émotives socialement correctes, la compréhension de la douleur et les moyens d'y faire face sont autant de facettes conditionnées par notre environnement culturel.

Les récentes découvertes sur la douleur en obstétrique démontrent que les positions prises par la femme pendant le travail et l'accouchement ont une influence sur sa perception de la douleur, en particulier dans les cas où le bébé se présente dans une position anormale. Lors de la phase de latence, les femmes éprouvent moins de douleur en position assise, accroupie ou debout.

Par ailleurs, en fin de travail et lors de l'expulsion du bébé, elles préfèrent être allongées[19].

D'autres facteurs physiologiques jouent un rôle dans la perception de la douleur : l'âge, le nombre d'accouchements, la condition physique de la femme, l'état du col de l'utérus au début du travail et la relation entre la grosseur du bébé et la voie pelvi-génitale[20].

LA DOULEUR DE L'ACCOUCHEMENT

La douleur clinique de l'accouchement est des plus intenses[21]. Environ 28 % des femmes qui accouchent pour la première fois perçoivent leur douleur comme étant de douce à modérée ; 37 % comme sévère ; et 35 % comme très sévère[22]. Or, une douleur mal gérée, d'une intensité suffisamment forte, a un effet néfaste sur le moral et sur la satisfaction, en plus d'affaiblir le système immunitaire[23].

La douleur joue une fonction essentielle à la survie de l'organisme. Grâce à cette infor-mation, le corps peut préserver son intégrité physique et réagir aux signaux de lésions internes qui, sans réparation, peuvent mener à une dégénérescence. Toutefois, une douleur trop importante et mal gérée affecte la mère et son bébé[24]. Pour l'atténuer, il existe deux modes d'intervention : pharmacologiques et non pharmacologiques. Chacune a ses avantages, ses désavantages et ses limites. Ce chapitre clarifiera cette problématique.

Sommaire du chapitre 2 : La modulation de la douleur

OBJECTIFS	MOYENS
Comprendre les mécanismes de la douleur.	Connaissance des récentes découvertes en neurophysiologie. Connaissance des origines physiologiques de la douleur de l'accouchement. Connaissance des composantes de la douleur.
Discerner les avantages et les désavantages des interventions pharmacologiques et non pharmacologiques dans la gestion de la douleur.	Connaissances relatives aux techniques physiques et psychologiques. Connaissances relatives à la péridurale.
Comprendre pourquoi et comment agissent les techniques pour moduler la douleur : respirations, massages, relaxation, imagerie mentale.	Connaissance des trois mécanismes internes de modulation de la douleur.

Pour la femme et pour l'homme, comprendre le phénomène de la douleur aide à la moduler. À la lumière des données sur les approches pharmacologiques et non pharmacologiques, les participants évaluent les avantages, les désavantages et les limites de chaque approche.

Avant d'étudier les différentes approches pour soulager la douleur, il s'agit de comprendre pourquoi l'accouchement est douloureux.

Pourquoi a-t-on mal ?

Dans notre éducation, on peut nous avoir enseigné que la souffrance est un mal nécessaire pour évoluer sur le plan spirituel. Cela explique peut-être pourquoi la douleur associée à la naissance est toujours aussi importante et que les procédés pour la gérer sont si peu connus.

Sachons d'abord que, lors du premier stade du travail, la dilatation du col de l'utérus, l'étirement du segment inférieur de l'utérus, les pressions et les déchirures des structures adjacentes causent la douleur[25]. Ici, le trajet que suit la douleur est typique d'une «douleur reportée». En effet, l'utérus (un viscère) est relativement insensible, et une importante distension cause non pas une douleur à cet organe, mais une douleur reportée, correspondant aux surfaces du corps reliées aux mêmes segments nerveux que l'utérus. La douleur se fait alors sentir dans le bas de la paroi abdominale et s'étend dans le bas de la région lombaire et au-dessus du sacrum.

Durant la deuxième période du travail, la douleur est causée par : 1) la traction du bassin ; 2) les étirements de l'urètre, de la vessie, du rectum, des ligaments, des fascias, des muscles périnéaux et de ceux de la cavité pelvienne ; 3) la pression anormale sur les racines du plexus lombo-sacré. La douleur est rapide et localisée, surtout dans les régions innervées par le nerf honteux. Elle est ressentie dans le périnée et l'anus, sur la partie basse du sacrum, sur les cuisses et les parties inférieures des jambes.

Composantes de la douleur

La douleur est un phénomène subjectif qui peut être influencé par plusieurs variables. Elle comporte au moins deux composantes : physiologique (sensori-discriminative) et psychologique (motivo-affective)[26].

La composante physiologique permet d'apprécier l'intensité et le seuil de la douleur. Quoique relativement stable, elle peut être modulée par différents procédés.

La composante psychologique permet de juger de l'aspect désagréable de la douleur. Même si cette composante est liée à la composante physiologique, elle est beaucoup moins stable, en ce sens qu'elle est facilement modifiée par des techniques psychologiques[27].

Ces composantes sont soutenues par deux voies neurophysiologiques distinctes. Donc, une même douleur peut être perçue comme étant très intense mais peu désagréable, ou l'inverse. La douleur associée à un cancer est habituellement plus désagréable qu'intense, à cause du caractère de la maladie. Inversement, celle associée à un événement heureux, comme la naissance, est souvent plus intense que désagréable[28].

De récentes recherches expliquent comment la douleur peut être modulée.

INTERVENTIONS PHARMACOLOGIQUES

L'intervention pharmacologique la plus utilisée consiste à réduire ou à éliminer la douleur à l'aide d'un procédé analgésique appelé *péridurale*. Tout en réduisant la douleur, cette analgésie lombaire permet à la femme qui accouche de rester consciente et mobile, et d'avoir une sensation des membres inférieurs et du plancher pelvien. Administrée dans des conditions idéales, la péridurale permet de réduire de 100 % la douleur dans 85 % des cas[29]. Le taux de morbidité et de mortalité étant très faible (<1 : 200 000), cette intervention est considérée comme sécuritaire[30].

Cependant, ce type d'analgésie peut provoquer, à des degrés variés, des complications, dont: hypotension, convulsions, maux de tête, maux de dos, vomissements et nausées, dépression respiratoire du bébé et de la mère, et troubles du système urinaire[31]. Ces complications sont fonction du choix du médicament, du dosage et de sa concentration, du site et de la durée de l'injection, et, finalement, du moment de l'intervention.

L'injection péridurale semble également avoir un effet sur le déroulement du travail et de l'expulsion, en empêchant ou en ralentissant la descente du fœtus dans l'utérus, en affectant sa rotation finale et en diminuant la motivation et la capacité des femmes à expulser. D'ailleurs, le taux d'interventions médicales (forceps, ventouse et césariennes[32]) est nettement supérieur chez les femmes qui accouchent pour la première fois avec une analgésie par péridurale que chez les femmes qui ont accouché plus d'une fois et qui reçoivent le même traitement pour soulager la douleur[33].

Dans certains centres hospitaliers, on propose systématiquement une péridurale à la femme; d'autres centres préfèrent que la femme utilise d'abord des approches moins invasives pour soulager sa douleur[34].

Dès que cette intervention a lieu, peu importe comment elle est envisagée, il ne s'agit plus d'un accouchement naturel. La femme se déplace moins et est confinée à l'intraveineuse. Elle a fréquemment un monitoring fœtal et des prises de tension artérielle.

La péridurale demeure un moyen efficace pour soulager la douleur de l'accouchement. Depuis sa découverte au début des années 1900, de nombreuses recherches ont permis de perfectionner cette technique afin de soulager la femme tout en minimisant les effets indésirables[35].

INTERVENTIONS NON PHARMACOLOGIQUES

Depuis des millénaires, on emploie de nombreuses techniques pour soulager la douleur. Dans la Grèce antique, on utilisait l'anguille électrique (poisson torpille) pour soulager différents types de douleur[36, 37], dont la goutte, les rhumatismes et le mal de tête. On plaçait l'anguille sur la région douloureuse et la décharge électrique que recevait le patient produisait un soulagement immédiat qui persistait après la stimulation.

L'acupuncture utilise une stimulation de points précis pour soulager la douleur. Cette stimulation est parfois appliquée sur une région éloignée de la région souffrante. La stimulation, qui est de courte durée, peut produire un soulagement qui persiste bien au-delà de la période de stimulation.

Les techniques de concentration mentale nous démontrent comment les messages de douleur peuvent être modulés et les réactions physiologiques et psychologiques, inhibées.

Grâce à l'avancement de nos connaissances scientifiques, il nous est possible d'expliquer comment ces différentes approches agissent pour réduire la douleur.

On classe en trois catégories les interventions non pharmacologiques qui peuvent transformer la perception de la douleur[38].

1. La stimulation non douloureuse sur la zone douloureuse.
2. La stimulation douloureuse d'un site autre que la zone douloureuse.
3. Le contrôle du système nerveux par la pensée et le mental.

TYPE DE STIMULATION	EXEMPLE	MÉCANISME ACTIVÉ	EFFETS	DURÉE DE L'EFFET
Stimulation non douloureuse sur la zone	Effleurage de l'abdomen ou du bas du dos (voir figures 40 et 41, page 45).	Grâce à la stimulation non douloureuse, les fibres non douloureuses bloquent les fibres qui transmettent les messages de douleur.	Agit sur la seule zone qui est stimulée. Module la composante physiologique (intensité) de la douleur.	Dure pendant et un peu après la stimulation.
Stimulation douloureuse d'un site autre que la zone	Stimulation de la zone du muscle piriforme (voir figure 42, page 46).	La stimulation douloureuse déclenche la sécrétion d'endorphines qui noient la douleur et ne laisse comme sensation douloureuse que la zone stimulée.	Agit sur toutes les zones douloureuses du corps, à l'exception de la zone stimulée. Module la composante physiologique (intensité).	Dure pendant et après la stimulation.
Activée par la pensée et le mental.	Répétition mentale de mots clés: «Je vais bien, je suis calme.» Respirations. Relaxation. Imagerie mentale (voir figure 43, page 47).	Le cerveau puise les réactions à la douleur dans ses régions responsables de la mémoire et des émotions.	Agit sur la composante psychologique (aspect désagréable) de toutes les zones douloureuses du corps.	Dure pendant et un peu après la stimulation.

STIMULATION NON DOULOUREUSE
DE LA ZONE DOULOUREUSE[39]

La stimulation non douloureuse par un massage léger de la zone douloureuse active les grosses fibres afférentes qui inhibent les plus petites fibres qui transmettent la perception de la douleur. Grâce à cette action, la perception de l'intensité de la douleur du site de la douleur est modulée.

Cette technique est utilisée lors du massage léger d'une blessure. Un enfant qui s'est heurté le genou est soulagé quand on frotte doucement (stimulation non douloureuse) le site de sa douleur. Les composantes physiologique et psychologique de la douleur sont alors

réduites : l'intensité, grâce à la stimulation ; et l'aspect désagréable, grâce à l'attention que nous lui manifestons.

Pendant l'accouchement, ce type de stimulation sera repris par l'**effleurage de l'abdomen** (voir figure 40) et par le **massage léger du sacrum** (voir figure 41).

Comme le ventre et le dos sont souvent douloureux et soumis à une tension pendant l'accouchement, une légère stimulation du site de la douleur transforme la perception de la douleur de cet endroit.

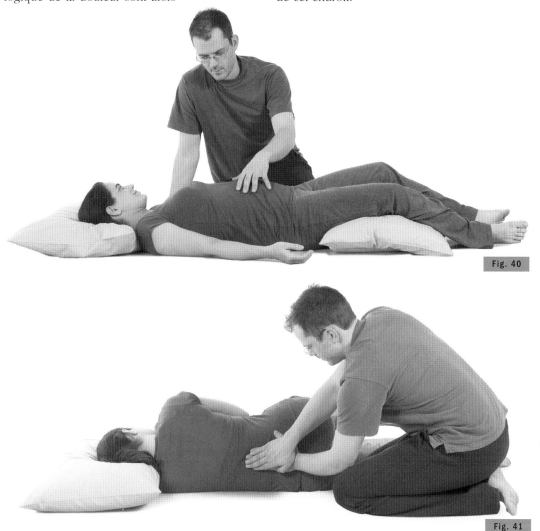

Fig. 40

Fig. 41

STIMULATION DOULOUREUSE D'UN SITE AUTRE QUE LA ZONE DOULOUREUSE[40, 41]

L'hyperstimulation analgésique existe depuis des millénaires et constitue une des plus vieilles techniques de contrôle de la douleur. L'acupuncture peut créer ce type d'analgésie.

Cette technique crée une stimulation douloureuse (par massage profond, acupuncture ou autre) sur un site parfois éloigné de la zone douloureuse, active des neurones et inhibe simultanément les autres neurones. C'est par le relâchement d'endorphines (une morphine interne sécrétée par l'organisme) que le corps inhibe la douleur de tous les sites, sauf celui qui est sollicité par la stimulation douloureuse.

Pendant l'accouchement, on stimule certaines zones réflexes du corps de la femme par acupression ou par massage profond: le sacrum dans le bas du dos, le muscle piriforme et quelques autres points que nous verrons au chapitre sur les massages (voir chapitre 6). On doit stimuler les zones réflexes de façon à créer une douleur.

Ce type d'analgésie produit un soulagement qui agit pendant une période plus longue que la stimulation. Il est sans effets secondaires et agit même pour des douleurs qui résistent aux approches analgésiques conventionnelles. Il module la douleur en diminuant principalement son intensité.

Fig. 42

CONTRÔLE PAR LA PENSÉE ET LE MENTAL

Le contrôle du système nerveux transforme la perception de la douleur. Ce contrôle joue un rôle prédominant dans la gestion de la douleur. Deux mécanismes expliquent comment la perception douloureuse est transformée :

1. Modification du message.
2. Déclenchement du centre d'inhibition de la douleur comme pour la stimulation douloureuse.

Dans les centres supérieurs du cerveau, les messages de douleur établissent des liens directs et indirects vers d'autres régions cérébrales. Ces régions sont associées étroitement à la mémoire et aux émotions. Par conséquent, les images et les messages qui s'y trouvent influencent la manière dont sera perçue la composante psychologique (aspect désagréable) de la douleur.

Si la contraction signifie pour une femme peur et angoisse, la douleur sera perçue comme très désagréable. Si cette même femme perçoit la contraction comme essentielle et positive, et qu'elle sait que c'est grâce aux contractions que le col se dilate et que le bébé peut naître, sa perception de la douleur sera transformée et l'aspect désagréable sera diminué.

Plusieurs variables servent à structurer les centres supérieurs du système nerveux. Une des étapes consiste à enregistrer des informations justes et précises sur la durée du travail et de l'accouchement, sur le rôle des contractions et sur l'existence et l'efficacité des techniques pour gérer la douleur.

La respiration, la relaxation, l'imagerie mentale et la compréhension juste de ce que vous vivez jouent des rôles clés dans la modulation de la douleur. Le cercle vicieux peur-tension-douleur peut devenir un cercle vertueux lorsque ces techniques servent à relâcher le corps et à vous convaincre que tout se passe bien.

Les techniques psychologiques de gestion de la douleur développent la concentration et dirigent l'attention ailleurs que sur la tension. La conviction qu'elles sont efficaces et leur pratique régulière sont des gages de réussite.

Les chapitres suivants vous guideront dans votre apprentissage des stratégies pour gérer efficacement la douleur. Savoir reconnaître les avantages et les limites des procédés pharmacologiques, et non pharmacologiques est indispensable. Ces approches sont complémentaires et agissent dans le but d'améliorer la qualité de vie des partenaires pendant l'accouchement.

Dans le prochain chapitre, vous apprendrez à distinguer le vrai travail du faux, et à comprendre l'évolution du travail. Vous saisirez mieux les mécanismes physiologiques et leurs effets sur les réactions psychologiques.

Fig. 43

CHAPITRE 3

L'ACCOUCHEMENT

VOUS AVEZ TOUT AVANTAGE à connaître le travail et l'accouchement, et à comprendre l'environnement dans lequel se déroule la naissance pour mieux gérer vos réactions psychologiques. Comme son déroulement varie d'une femme à l'autre, il est essentiel de comprendre les variables qui l'influencent. L'attitude que vous avez peut faire toute la différence entre un accouchement satisfaisant ou non.

Dans ce chapitre, vous apprendrez comment reconnaître le début d'un travail actif et les stades du travail.

Sommaire du chapitre 3 : L'accouchement

OBJECTIFS	MOYENS
Développer les attitudes de calme et de confiance face au déroulement du travail.	Connaissance du vrai et du faux travail. Connaissance des stades du travail.
Développer les attitudes de calme et de confiance face aux intervenants.	Compréhension des rôles dévolus aux participants et aux intervenants.
Favoriser la participation active d'un accompagnant auprès de la femme.	Connaissance des réactions physiologiques et psychologiques associées à la naissance.

À l'accouchement,
le rôle de l'accompagnant consiste à :
1. être attentif et compatissant envers sa partenaire ;
2. faire le lien entre les besoins de la femme et ceux des intervenants.

Le rôle de la femme consiste à :
1. comprendre le déroulement du travail et de l'accouchement ;
2. adopter une attitude positive face à ces différentes étapes ;
3. demeurer calme et à se concentrer continuellement sur la détente de son corps par la pratique de la respiration et de l'imagerie mentale (voir chapitres 4 et 8).

DÉROULEMENT DU TRAVAIL

Reconnaître le vrai travail du faux est une tâche difficile et même les spécialistes n'y parviennent pas toujours. Savoir les distinguer vous permettra de vivre une partie de votre travail à la maison et évitera un déplacement inutile en cas de faux travail.

Faux travail

Pendant les deux derniers mois de la grossesse, il est possible que l'utérus se durcisse et demeure contracté pendant quelques minutes et à intervalles irréguliers. Ces contractions peuvent favoriser la maturation du col, processus pendant lequel celui-ci se ramollit et s'efface. Avant le début du *vrai travail,* elles deviendront plus intenses et la tension se situera dans le bas de l'abdomen et dans l'aine. Cette douleur ressemble aux crampes menstruelles.

Vrai travail

Au début du vrai travail, la femme peut:
- ressentir un regain soudain d'énergie;
- souffrir de douleurs au bas du dos et aux hanches;
- avoir des sécrétions vaginales;
- perdre son bouchon muqueux;
- constater la rupture des membranes ou *poche des eaux*;
- remarquer un changement dans la durée et l'intensité des contractions;
- constater que le repos n'a aucun effet sur les contractions.

En cas de doute ou d'incertitude, téléphonez à l'endroit où vous désirez accoucher. Si c'est dans un centre hospitalier, demandez le département d'obstétrique.

Voyons maintenant en détail les symptômes précédents[42].

Certaines femmes ressentent un soudain **regain d'énergie** qui peut être causé par une baisse du taux de progestérone produite par le placenta. Ne vous agitez pas trop afin de ne pas vous épuiser avant le travail.

Des **douleurs lombaires** (bas du dos) et **sacro-iliaques** (sacrum et bassin) peuvent se manifester. Elles deviennent plus fortes à cause de l'action de la relaxine sur les articulations pelviennes.

Les **sécrétions vaginales** peuvent augmenter sous l'effet de la congestion de la muqueuse vaginale. Certaines femmes ont de petites pertes sanguines.

Attention: distinguez hémorragie et perte sanguine normale. Si vous perdez de petites quantités de sang de façon continue, rendez-vous à l'endroit où vous désirez accoucher sans faire d'efforts violents.

Perte du **bouchon muqueux.** Le bouchon muqueux est une masse gélatineuse qui ressemble à du blanc d'œuf coagulé. Il bloque le col de l'utérus pendant la grossesse et protège le bébé contre les microbes du vagin.

Les **membranes** (formant l'enveloppe dans laquelle baigne le bébé) peuvent **se rompre,** laissant s'échapper un liquide incolore par le vagin. C'est le liquide amniotique. Couchez-vous et laissez le liquide couler (portez une serviette hygiénique pour l'absorber). Ensuite, dirigez-vous doucement vers l'endroit où vous désirez accoucher.

Les **contractions** changent. Elles deviennent **plus régulières, plus intenses et plus rapprochées.**

Après un bain relaxant d'une durée d'au plus vingt minutes, le repos n'a **aucun effet sur les contractions.**

VRAI ET FAUX TRAVAIL

CARACTÉRISTIQUES	FAUX TRAVAIL	VRAI TRAVAIL
Intervalles entre deux contractions.	Irréguliers.	Réguliers. De plus en plus courts.
Intensité des contractions.	Variable.	De plus en plus forte.
Effet du repos sur les contractions.	Arrêt à l'occasion.	Aucun.
Écoulement.	Habituellement absent. Parfois perte du bouchon muqueux.	Écoulement habituellement présent. Léger écoulement avec filaments sanguins (le col s'efface, se dilate). Perte du bouchon muqueux. Rupture des membranes.
Col de l'utérus.	Souvent aucun changement.	Effacement. Dilatation.

Si vous en êtes à votre premier bébé, présentez-vous au centre hospitalier ou autre quand :
- vos contractions sont régulières, à toutes les cinq minutes depuis au moins une heure ; et que…
- vous avez pris un bain pour vous détendre, vous vous couchez et les contractions persistent ; ou que…
- vous avez un écoulement de liquide amniotique (la *poche des eaux* s'est rompue).

Si vous en êtes à votre deuxième bébé ou plus, tenez compte de la durée de votre premier accouchement et discutez-en avec votre intervenant professionnel. En principe, présentez-vous quand :
- les contractions sont régulières, toutes les dix minutes depuis une heure ; ou…
- s'il y a rupture des membranes ou…
- si vous avez un écoulement sanguin.

En cas de doute, téléphonez à votre centre hospitalier ou à votre intervenant.

ÉVOLUTION DU TRAVAIL

Le travail de la femme qui accouche se divise en trois stades[43].

STADES DU TRAVAIL		
Stade 1	Dilatation du col de l'utérus de 1 à 10 cm.	Phase de latence. Phase active.
Stade 2	Expulsion du bébé.	
Stade 3	Expulsion du placenta.	

Pendant un travail normal, le stade 1, soit celui de la dilatation du col de 1 à 10 cm, se divise en deux phases : la phase de latence et la phase active.

La **phase de latence** se caractérise par une dilatation lente et peu importante du col de l'utérus et par une légère descente du bébé.

La **phase active** se caractérise par une dilatation plus rapide du col, jusqu'à la dilatation complète, et par une descente nette du bébé.

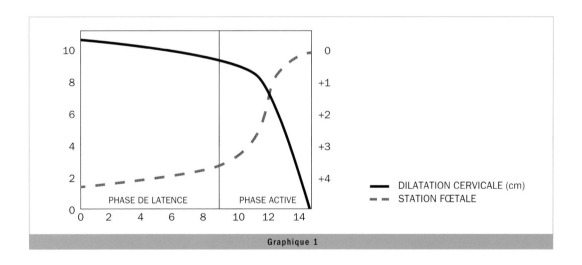

Graphique 1

Stade 1 : Dilatation du col de l'utérus de 1 à 10 cm

PHASE DE LATENCE

La période de latence se caractérise par des contractions de fréquence et d'intensité irrégulières, pouvant devenir intenses. Avant de pouvoir se dilater complètement, le col de l'utérus s'amincit sous l'effet des nombreuses contractions.

Pendant cette période, soyez calme et patiente. Ne vous découragez pas si le col se dilate peu. C'est tout à fait normal, même après plusieurs heures de contractions. Conservez autant que possible vos réserves d'énergie.

Si les contractions s'intensifient, pratiquez la respiration abdominale (voir chapitre 4).

Lors de contractions plus importantes, choisissez une position confortable, relâchez le bassin en le basculant si possible, et détendez le périnée profond en relâchant les fesses.

Rôle du partenaire

Pendant la contraction, soutenez la femme dans sa pratique des respirations (voir chapitre 4). Effleurez son abdomen avec la main en faisant doucement des mouvements circulaires. Au besoin, créez une douleur dans une zone réflexe (voir chapitre 6).

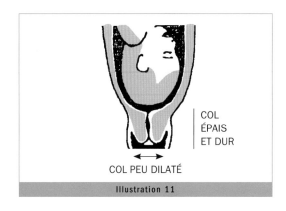

COL ÉPAIS ET DUR

COL PEU DILATÉ

Illustration 11

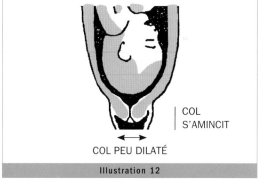

COL S'AMINCIT

COL PEU DILATÉ

Illustration 12

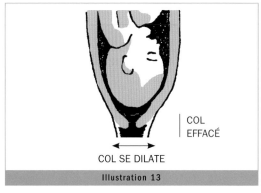

COL EFFACÉ

COL SE DILATE

Illustration 13

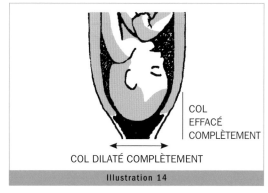

COL EFFACÉ COMPLÈTEMENT

COL DILATÉ COMPLÈTEMENT

Illustration 14

PHASE ACTIVE

Le col est maintenant mûr, c'est-à-dire prêt à s'ouvrir largement (jusqu'à 10 cm) sous l'effet des contractions et de l'appui de la tête du bébé. Comparativement à la phase de latence, le col se dilate beaucoup plus rapidement. Les contractions seront probablement très fortes, assez longues et rapprochées.

Faites confiance à votre capacité à utiliser efficacement les techniques pour moduler la douleur.

Pour que le col se dilate complètement, de nombreuses contractions intenses sont nécessaires. Ci-bas, voyez un exemple de col dilaté à 1 cm et à 10 cm.

Pendant la contraction, pratiquez la respiration abdominale soufflante (voir chapitre 4). Restez calme et reposez-vous entre les contractions.

Relâchez tout le corps, particulièrement l'abdomen, les jambes et les fesses. Cela permet de détendre le périnée pour qu'il ne résiste pas par réflexe à la pression des contractions, ce qui augmenterait l'intensité de la douleur. Portez votre attention sur autre chose que la contraction. Pensez à votre respiration et à créer une seconde douleur dans une zone réflexe (voir chapitre 6). Continuez à pratiquer les respirations, même si vous n'en avez plus le goût. Essayez différentes positions pour soulager l'inconfort tout en étirant votre dos (voir chapitre 5).

COL AVANT DILATATION

COL DILATÉ À 10 CM

Illustration 15

Rôle du partenaire

Le rôle du partenaire est primordial pendant cette période. À cause de la force des contractions, l'état de conscience de la femme est souvent altéré.

- Si elle éprouve de la difficulté à suivre les consignes, soyez ferme et doux à la fois.
- Si elle craint de ne pas pouvoir se rendre jusqu'au bout, rassurez-la. Dites-lui que c'est bon signe de se sentir ainsi, car cela signifie que les contractions sont très intenses, qu'elle est probablement dans la phase active, et que le col ne tardera donc pas à se dilater complètement.
- Aidez-la dans ses respirations: encouragez-la à se concentrer.
- Créez une ambiance de calme et de sérénité.
- Montrez-lui que vous avez confiance en elle en lui disant: «Tu vas y arriver, tu peux le faire, je te fais confiance.»
- Pratiquez les massages en créant une douleur sur un site autre que celui qui est endolori.
- Au besoin, lubrifiez ses lèvres avec un corps gras.
- Épongez son visage.
- Suggérez-lui des positions.
- Surtout, essayez d'être compréhensif.
- Pensez à vous détendre. Votre soutien lui est essentiel.

MALAISES ET SOLUTIONS

Pendant la phase active, vous remarquerez peut-être certains symptômes désagréables.

NAUSÉES ET VOMISSEMENTS

Depuis plusieurs décennies, on interdit aux femmes en travail de consommer des liquides ou des solides. C'est que la digestion s'arrête pendant le travail et que les aliments ingérés restent dans l'estomac, provoquant souvent des vomissements en fin de dilatation. En cas d'anesthésie générale (la femme est endormie), les vomissements peuvent provoquer des complications graves, redoutées par les anesthésistes.

L'eau à la température ambiante, bue par toutes petites gorgées, permet une hydratation indispensable pendant le travail. Comme cette eau ne remplit pas l'estomac, elle ne crée pas de risques de vomissement.

SAUTES D'HUMEUR

Ne vous laissez pas emballer par les émotions ou par les pensées irrationnelles. Ayez confiance en vos ressources et maintenez l'attention sur la respiration et sur les techniques pour moduler la douleur. Restez calme.

SUDATION INTENSE ET FRISSONNEMENTS INCONTRÔLABLES

Ces sensations se succèdent parfois et créent un inconfort. Rééquilibrez la tenue vestimentaire de la femme. Aidez-la à pratiquer une respiration qui lui permettra de rester calme.

CLAQUEMENT DES DENTS ET TREMBLEMENT DES JAMBES

Exécutez des mouvements de balancement des jambes. Effleurez l'intérieur des cuisses. Continuez à pratiquer les respirations.

Stade 2 : Expulsion du bébé

L'expulsion du bébé se fait habituellement lorsque le col de l'utérus est complètement dilaté. Plusieurs facteurs influencent la durée et la facilité de la poussée : la grosseur de la tête du bébé, sa présentation, la capacité des os de la tête à se mouler au bassin et l'habileté de la mère à utiliser les muscles abdominaux profonds et à relâcher les muscles périnéaux. Même si les contractions sont intenses, fréquentes et longues pendant cette période, la douleur se stabilise et les femmes rapportent un soulagement. Cette période dure en moyenne une heure et peut aller jusqu'à deux ou trois heures. Inutile de vouloir expulser trop rapidement. Prenez le temps qu'il faut. Au chapitre 5, vous verrez différentes positions et façons d'expulser le bébé.

Stade 3 : Expulsion du placenta

L'expulsion du placenta a lieu dans l'heure qui suit la naissance du bébé et exige habituellement peu d'efforts de la mère. Continuez alors à pratiquer les techniques pour moduler la douleur.

CHAPITRE 4

LES RESPIRATIONS

LES TECHNIQUES RESPIRATOIRES sont à la base de nombreuses méthodes de préparation à la naissance. La respiration fait appel aux centres supérieurs pour contrôler la douleur. Deux mécanismes expliquent comment agit le contrôle des centres supérieurs du système nerveux : en déclenchant le relâchement d'endorphines, hormones internes de contrôle de la douleur, et en modifiant le message.

Grâce aux techniques de respiration, vous portez votre attention sur autre chose que sur la douleur, et cela modifie le message perçu au cerveau. De plus, la répétition de mots clés qui calment et qui apaisent, ou le fait de compter mentalement les respirations, contribue à modifier le message envoyé au cerveau.

Les respirations sont également un excellent moyen pour maîtriser les situations de stress intense. En effet, elles oxygènent l'organisme, favorisent la détente et facilitent la circulation de l'énergie. Vous devez gérer les agents de stress liés à la naissance, car le corps prévoit toute une série de réactions pour fuir les agressions. Le système sympathique protège le corps. Il provoque, par la sécrétion de différentes hormones, dont l'adrénaline, une augmentation de la tension artérielle, du rythme cardiaque, de la contraction musculaire et de l'absorption d'oxygène. En effet, c'est en se fixant sur les mêmes récepteurs que ceux des endorphines qu'il inhibe une partie de l'effet analgésique des endorphines. Il est donc essentiel que le stress soit réduit au minimum. La respiration, en oxygénant, détend les muscles et brise le cercle peur-tension musculaire-douleur.

Pendant et entre les contractions, les respirations servent à détendre et à garder l'attention sur une pensée positive. Les techniques de positionnement du corps et de respiration aident à conserver un environnement calme.

Vous maîtriserez le stress en respirant correctement.

Sommaire du chapitre 4 : Les respirations

OBJECTIFS	MOYENS
Gérer le stress, se détendre et profiter des périodes de repos.	Pratique de la respiration abdominale.
Se concentrer et gérer la douleur.	Pratique de la respiration abdominale.
Expulser le bébé.	Grâce au réflexe expulsif ou par la pratique de la respiration expulsive.
Favoriser la participation de l'accompagnant dans la gestion de la douleur.	Connaissance des respirations et de leurs effets.

Dans la respiration, le rôle de l'accompagnant est essentiellement celui d'un guide. Pendant et entre les contractions, il guide la femme dans l'exécution adéquate des respirations et l'aide à se concentrer sur la respiration et non sur la douleur.

Le rôle de la femme consiste à pratiquer les respirations tous les jours (sauf la respiration expulsive). Elle les utilise de façon continue pendant le déroulement de l'accouchement et se concentre sur ces respirations.

PRÉPARATION AUX RESPIRATIONS

1. Vérifiez le positionnement de votre corps (chapitre 1). Favorisez l'étirement du dos, que vous soyez en position horizontale ou verticale. Pour vérifier si votre position est adéquate, expirez en rentrant et en remontant le nombril grâce aux abdominaux profonds.

2. Débutez toujours avec l'expiration. Relâchez toute tension dans la bouche et sur les lèvres afin que les muscles du périnée restent souples.

3. Inspirez sans effort. Relâchez le ventre et laissez-le s'emplir tout seul. Inspirez en partant du bas vers le haut.

4. L'expiration est habituellement plus longue que l'inspiration. Ce rythme prévient l'hyperventilation et permet la libération d'endorphines.

5. Effectuez une dizaine de respirations abdominales tous les jours. Si votre tension artérielle monte, si des bouffées de chaleur apparaissent, si votre visage rougit ou si vous manquez d'air, modifiez le rythme de votre respiration. Adoptez une position mi-assise, assise ou debout.

6. Observez-vous pendant le déroulement du travail et de l'accouchement. Il est probable que vous n'effectuez pas les respirations correctement si vous ou votre partenaire montrez un des signes suivants : visage pâle ou rouge, mâchoires et dents serrées, visage tendu, mains crispées ou orteils étirés. Intervenez doucement et dites : « Nous allons respirer ensemble. » Puis pratiquez la respiration appropriée.

7. Profitez des périodes entre les contractions pour vous reposer. Pratiquez les respirations lentes et profondes, surtout entre les contractions très intenses.

8. Combinez respirations et massages.

Pratiquez toujours l'expiration en relâchant les lèvres, la bouche et les fesses.

LES DIFFÉRENTES RESPIRATIONS

Pour vivre l'accouchement sans stress, vous devez maîtriser la technique respiratoire et le positionnement du corps pendant votre grossesse.

RESPIRATION	DESCRIPTION	UTILISATION
Respiration abdominale.	Respiration lente et profonde. Expirez par le nez en rentrant et en remontant le nombril. Inspirez passivement.	Pour vous détendre au cours de la vie quotidienne. Entre chaque contraction. Tout au long du travail, si confortable.
Respiration abdominale soufflante ou chantante.	Même respiration abdominale. Expirez un filet d'air ou chantez différents sons : aaaa, eeee, hyou.	Pendant les contractions intenses et longues.
Respiration abdominale, bouche ouverte.	La femme inspire et expire la bouche grande ouverte, comme si elle mangeait un aliment trop chaud.	Seulement lorsque le col n'est pas complètement dilaté et que vous avez envie de pousser.
Respiration expulsive[44] (poussée physiologique).	Respiration abdominale avec de longues expirations, périnée relâché.	Lorsque le réflexe expulsif n'est pas déclenché et que vous devez pousser.

Respiration abdominale

Respiration lente et profonde qui permet d'oxygéner et de détendre le corps.

TECHNIQUE
1. Positionnez le corps selon les indications du chapitre 1. Le menton est légèrement ramené vers la poitrine et le dos est allongé sans cambrure.
2. Expirez par le nez en rentrant et en remontant le nombril.
3. Relâchez la bouche et les lèvres.
4. Relâchez les muscles des fesses.
5. Inspirez passivement. L'air pénètre seul dans l'abdomen et monte vers le haut.

UTILISATION
- Entre chaque contraction.
- Tout au long du travail, si confortable.
- Au cours de la vie quotidienne, lorsque les tensions sont grandes.

Respiration abdominale soufflante ou chantante

Variante de la respiration abdominale classique. Toutes les étapes sont les mêmes, sauf que vous **expirez par la bouche plutôt que par le nez.** Le fait de souffler de l'air chaud ou de chanter des sons favorise l'expiration et la détente chez certaines femmes.

TECHNIQUE
1. Positionnez le corps selon les indications du chapitre 1.
2. Expirez en rentrant et en remontant le nombril.
3. Soufflez un filet d'air chaud ou chantez différents sons : aaaa, eeeee, hyou, en relâchant la bouche et les lèvres.
4. Relâchez les muscles des fesses.
5. Inspirez passivement. L'air pénètre seul dans l'abdomen et monte vers le haut.

UTILISATION
Durant les contractions longues et intenses.

Respiration abdominale, bouche ouverte

Autre variante de la respiration abdominale que vous pouvez utiliser pour contrôler l'envie de pousser.

Deux raisons motivent cela :
- le col n'est pas encore dilaté ;
- ou il faut ralentir la poussée pour protéger le périnée.

Dans les deux cas, la volonté de pousser est extrêmement forte. La respiration abdominale, bouche ouverte, peut vous aider.

Évitez les positions verticales (debout) et favorisez les positions passives : à quatre pattes, ou étendez-vous sur le dos, les jambes dans les étriers.

TECHNIQUE
1. Positionnez le corps selon les indications du chapitre 1. Le menton est légèrement ramené vers la poitrine et le dos est allongé.
2. Expirez sans forcer, la bouche très ouverte, comme si vous mangiez un aliment trop chaud.
3. Soufflez lentement par petits mouvements en relâchant la bouche et les lèvres.

4. Relâchez les muscles des fesses.

UTILISATION
Seulement lorsque le col n'est pas complètement dilaté et que la femme a envie de pousser.

Respiration expulsive (poussée physiologique)

La pression de la tête du bébé sur le plancher pelvien déclenche le **réflexe expulsif,** une contraction réflexe de l'utérus. Vous sentez l'envie de pousser et les contractions utérines deviennent presque irrésistibles.

Ce réflexe expulsif peut ne pas apparaître si, à dilatation complète, vous expulsez volontairement, sans la présence du réflexe, ou si vous avez une péridurale (les sensations peuvent être inexistantes).

À ce moment, pratiquez la respiration expulsive.

TECHNIQUE
Faire de grandes expirations abdominales, en rentrant, en remontant le nombril et en relâchant les fesses[45].

UTILISATION
En l'absence du réflexe expulsif.

ACCOMPAGNEMENT
Pendant l'expulsion, l'accompagnant soutient et encourage la femme. Une connaissance adéquate de l'expulsion lui permet d'intervenir efficacement.

Quoique relativement simples, ces techniques respiratoires vous seront d'un précieux secours pour réduire la douleur, si vous les maîtrisez avant l'événement. Pour maximiser leurs effets, associez-les à des pensées positives du type : «Ma respiration m'aide à rester calme et à avoir confiance.»

Au cours du prochain chapitre, vous découvrirez quelques positions bénéfiques pour favoriser le déroulement du travail, l'expulsion du bébé et le confort de la mère.

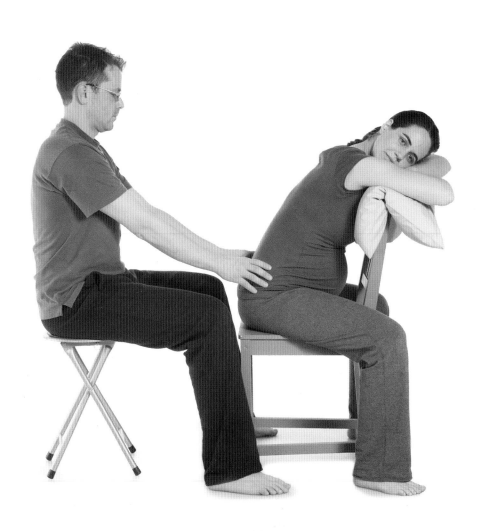

CHAPITRE 5

BOUGER

L'ÉPOQUE OÙ L'ON INTERDISAIT aux femmes de se déplacer pendant le travail et l'accouchement est révolue. La pratique de différentes positions pendant le travail augmente l'efficacité des contractions (sans en changer la fréquence) et peut donc avoir un effet sur la durée du travail[46, 47].

Il n'y a pas de position universelle. Les positions satisfaisantes pendant le travail varient pour chaque femme, et pour une même femme varient selon les stades de l'accouchement.

Les positions décrites dans ce chapitre sont des propositions pour vous amener à percevoir votre corps, pour soulager certains inconforts et vous donner l'envie de découvrir des façons de vous faire du bien, tout en favorisant la physiologie pendant la grossesse et l'accouchement.

Plus vous expérimenterez de postures différentes pendant la grossesse, en prenant conscience des sensations et des bienfaits, plus vous serez créative le jour de la naissance. Vous pourrez inventer des positions et des mouvements qui vous soulageront, diminueront la douleur et agiront favorablement sur l'évolution du travail.

Varier les positions :

1. prévient l'accumulation de tensions au même endroit ;
2. favorise le massage ;
3. contribue au confort de la femme ;
4. réduit les besoins en analgésiques[48] ;
5. facilite le positionnement et la descente du bébé dans le bassin de la mère.

Sommaire du chapitre 5 : Bouger

OBJECTIFS	MOYENS
Soulager la femme pendant toutes les phases du travail.	Pratique de positions de détente et de massage.
Optimiser les efforts de la mère lors de l'expulsion.	Connaissance des mécanismes favorisant l'expulsion du bébé.
	Connaissance et pratique de diverses positions expulsives.
	Présence continue et efficace d'un accompagnant.
Favoriser la participation active de l'accompagnant auprès de sa partenaire.	Soutien à la pratique des positions et des massages favorisant la détente de la femme.
	Soutien à la pratique des positions favorisant l'expulsion.

À l'accouchement, le rôle de l'accompagnant consiste à aider la femme à gérer sa douleur grâce aux postures pour masser et soulager lors du travail. Lors de l'expulsion du bébé, le rôle de l'accompagnant est primordial. Il consiste à aider la femme à optimiser ses efforts pendant l'expulsion par l'adoption d'une position adéquate.

Le rôle de la mère consiste à concentrer son attention sur les positions qui la soulageront et qui contribueront à faire descendre et sortir son bébé.

BOUGER PENDANT LE TRAVAIL ACTIF

CONSIGNES GÉNÉRALES

- Surveillez le positionnement du corps. Évitez la compression des vertèbres et travaillez plutôt en **allongeant le dos.** Cela libère le diaphragme.
- Pour réduire la douleur et pour faciliter le positionnement correct du bébé dans l'utérus (dos du bébé contre votre ventre), **placez votre ventre dans le vide**[49]. Prenez par exemple la position debout, penchée vers l'avant, les positions à quatre pattes, ou appuyée sur le dossier d'une chaise ou sur le partenaire, les fesses tirées vers l'arrière.
- Étirez votre corps dans toutes les directions en créant un **angle cuisse-colonne inférieur à 90°** pour prévenir un creux au bas du dos. Pour vous guider, essayez des positions accroupies, les pieds parallèles, les bras suspendus à votre partenaire ou au lit.
- Dégagez le diaphragme en étirant ou en **suspendant le haut du corps.**
- **Variez vos positions.** Évitez les positions couchées sur le dos pendant les contractions. Dans cette position, la compression de l'articulation sacro-iliaque (bassin-cuisse) est importante et entraîne de la douleur.
- **Relâchez les abdominaux et les jambes** afin d'éviter les tensions qui augmentent la douleur. **Détendez votre périnée profond** en relâchant vos fesses. Soufflez en détendant les joues et les lèvres. Laissez-vous aller en vous appuyant totalement sur votre partenaire ou sur un support. Imaginez que vous êtes toute molle à l'intérieur.
- Des serviettes chaudes peuvent être appliquées sur l'abdomen et le dos pour relâcher et soulager (stimulation non douloureuse).

Position debout, penchée vers l'avant

< 90°

Fig. 44

- Si vous observez, après quelque temps, que votre position ne vous soulage pas ou que le bébé ne descend pas, expérimentez d'autres positions. Fiez-vous sur ce que vous ressentez.

Durant la phase de latence, le col de l'utérus mûrit, se dilate un peu et se prépare à se laisser faire sous l'action des contractions plus intenses de la phase active. Les positions debout ou en mouvement peuvent alors s'avérer bénéfiques.

Les positions à quatre pattes, semi-assises ou allongées conviennent davantage aux contractions beaucoup plus intenses, rapprochées et longues de la phase active.

N'hésitez pas à expérimenter différentes positions. Les moniteurs servant à suivre la progression du rythme cardiaque de l'enfant et l'intensité des contractions vous gêneront peut-être. Variez tout de même les positions en prenant soin de stabiliser le capteur lors de vos déplacements. Au besoin, l'accompagnant peut le réorienter, tout en le maintenant au même endroit sur le ventre de la mère, pour que l'appareil enregistre les données.

Position allongée

À l'examen pour mesurer la dilatation du col, le partenaire retient, avec ses mains, les jambes de la femme habituellement couchée sur le dos.

UTILISATION

Cette position peut être pratiquée lors des examens gynécologiques, particulièrement lorsque les contractions sont rapprochées.

AVANTAGE

En supportant les genoux :
- les muscles abdominaux, les adducteurs et le périnée se relâchent ;
- on atténue les inconforts provoqués par la contraction ;
- on facilite l'examen vaginal lui-même.

Fig. 45

Position debout, une jambe pliée

Debout, un pied sur une chaise, le poids bien réparti sur le genou fléchi, basculez le bassin de l'avant vers l'arrière en respirant lentement. La jambe pliée enlève une certaine partie des tensions accumulées dans le bas du dos.

UTILISATION
- Pendant les contractions au début du travail.

AVANTAGES
- Le ventre est dans le vide.
- Le dos est allongé et étiré.
- L'angle dos-cuisse est inférieur à 90°.
- La pratique des massages est facilitée.

Fig. 46

Position debout, appuyée face au mur

Debout, appuyée contre le mur, les bras allongés, une jambe au sol est pliée et avancée afin d'obtenir un angle dos-cuisse inférieur à 90°, alors que l'autre jambe est étirée vers l'arrière. Basculez doucement le bassin d'un côté, puis de l'autre.

UTILISATION
• Pendant les contractions moyennes.

AVANTAGES
• Le ventre est dans le vide.
• Le haut du corps est en suspension.
• Le dos est allongé et étiré.
• La veine cave ne subit pas de compression.
• La pratique des massages est facilitée.
• L'angle dos-cuisse est inférieur à 90°.
• Le bébé bouge dans votre bassin grâce aux petits mouvements des hanches.

Fig. 47

Position semi-debout, avec le partenaire, appuyée face au mur

Variez la position précédente en vous asseyant sur la cuisse de votre partenaire, qui est debout derrière vous.

Fig. 48

1. Asseyez-vous sur la cuisse de votre partenaire qui est debout derrière vous.
2. Appuyez le haut de votre corps contre le mur devant vous.
3. Faites confiance à votre accompagnant. Relâchez les abdominaux, les jambes, les fesses et le périnée profond en écrasant la cuisse de votre partenaire. Imaginez que vous êtes molle à l'intérieur.
4. Bougez le bassin en suivant les légers mouvements induits par la cuisse de votre partenaire.

UTILISATION
• Pendant les contractions moyennes.

AVANTAGES
En plus des avantages de la position précédente :
• les muscles abdominaux, les adducteurs et le périnée sont relâchés grâce au poids réparti sur la cuisse du partenaire.

Position à genoux,
appuyée vers l'avant

À genoux, appuyée sur une chaise, basculez le bassin d'un côté et de l'autre. Le poids du corps est à l'arrière et l'angle dos-cuisse est inférieur à 90°. Pour plus de confort, placez un coussin entre les cuisses et les mollets.

UTILISATION
- Pendant les contractions moyennes.

AVANTAGES
- Le ventre est dans le vide.
- La veine cave ne subit pas de compression.
- Le canal pelvien est dégagé.
- La pratique des massages est facilitée.
- Le haut du corps est en suspension.
- **La rotation du bébé d'une position postérieure ou transverse est facilitée.**
- La descente du bébé est facilitée.

Fig. 49

Position à genoux avec
le partenaire

Le dos a tendance à se creuser, créant une pression sur les vertèbres. Pour corriger la situation, pratiquez la position suivante.

1. Asseyez-vous sur la cuisse de votre partenaire, qui est à genoux derrière vous.
2. Appuyez le haut du corps sur un ballon ou sur une chaise.
3. Bougez le bassin en suivant les légers mouvements induits par la cuisse de votre partenaire.
4. Relâchez les abdominaux, les jambes, les fesses et le périnée profond en écrasant la cuisse de votre partenaire.

UTILISATION
- Pendant les contractions fortes.

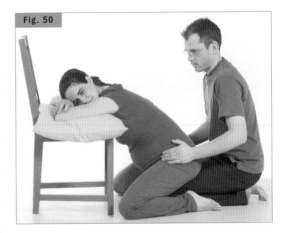

Fig. 50

AVANTAGES
En plus des avantages de la position précédente :
- Le dos est allongé et étiré.
- Les muscles abdominaux, les adducteurs et le périnée sont relâchés grâce au poids réparti sur la cuisse du partenaire.

Position assise sur une chaise, sur un ballon ou sur l'accompagnant, appuyée vers l'avant

Asseyez-vous sur un siège, l'avant du corps appuyé contre le dossier de la chaise.

Pendant les contractions importantes, reposez le haut du corps sur une table et faites-vous masser le bas du dos.

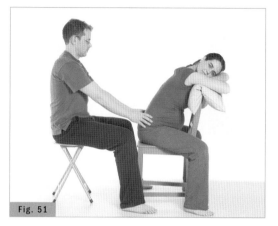

Fig. 51

Fig. 53

Cette position se pratique également sur un ballon. Les jambes sont placées de chaque côté du ballon pour maintenir l'équilibre. En début de travail, vous pourrez vous balancer en vous stabilisant avec les jambes.

Une autre variante consiste à remplacer le ballon par l'accompagnant qui bouge doucement ses jambes pour vous aider à mobiliser votre bassin.

Fig. 52

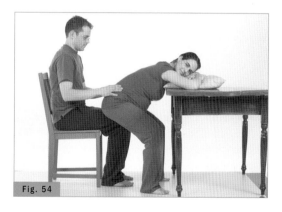

Fig. 54

UTILISATION
- Au début du travail, en se balançant.
- Pendant le gros travail, en appuyant le haut du corps contre une chaise.
- Pour faire descendre le bébé.

AVANTAGES
- Le ventre est dans le vide.
- Le dos est allongé et étiré quand le haut du corps est appuyé sur le dossier d'une chaise ou sur une table.
- L'angle dos-cuisse est inférieur à 90°.
- Le haut du corps est en suspension.
- Les jambes, les muscles abdominaux, les adducteurs et le plancher pelvien sont relâchés.
- Le massage du bas du dos est favorisé.

Position à genoux, appuyée vers l'avant sur le dos du partenaire à quatre pattes

1. Votre partenaire se met à quatre pattes, le dos droit, un oreiller posé sur le dos.
2. Mettez-vous à genoux, perpendiculaire à lui.
3. Déposez vos bras, votre poitrine et votre tête sur l'oreiller placé sur le dos de votre partenaire.
4. Le partenaire induit des mouvements de balancement et de rotation.
5. Vous le suivez en pratiquant vos respirations et en relâchant les fesses.

Si le partenaire est trop grand, placez l'oreiller sous vos genoux. Le partenaire plie les coudes et écarte les genoux pour abaisser le dos.

Une troisième personne peut vous masser le bas du dos.

UTILISATION
- Pendant les grosses contractions.

AVANTAGES
- Le ventre est dans le vide.
- Le dos est allongé et étiré.
- Le haut du corps est en suspension.
- Les abdominaux sont relâchés.
- Le partenaire induit le mouvement, obligeant la femme à relâcher le bassin.
- Le partenaire est tout près de vous pour vous rassurer.
- Le massage par une tierce personne est facilité.

Fig. 55

Position accroupie, les bras en suspension

La position accroupie, les bras en suspension, les pieds parallèles, est une autre variante pouvant **favoriser la descente du bébé.**

La pratique de cette position dans le lit de naissance peut être facilitée si vous utilisez une barre de suspension ou l'accompagnant pour vous aider à maintenir votre équilibre et pour dégager le diaphragme.

Fig. 56

Fig. 57

Position accroupie, assise sur les fesses

Pour certaines femmes, la position accroupie est difficile à tenir. Une variante consiste à vous asseoir sur vos fesses, alors que l'accompagnant retient le poids du haut du corps avec ses genoux. Pour plus de confort, placez un coussin sous vos fesses.

UTILISATION
- Pour faire descendre le bébé.
- Ne pas utiliser pour expulser le bébé, en raison de la difficulté à protéger les muscles du périnée[50, 51].

AVANTAGES[52]
- La veine cave ne subit pas de compression.
- Les contractions sont plus fortes et plus fréquentes.
- **Les diamètres du bassin grandissent.**
- **La gravité favorise la descente du bébé.**

Position ouverte couchée sur le côté

Couchée de préférence sur le côté gauche, tête appuyée sur l'oreiller, pliez le genou droit et posez-le sur un autre oreiller. L'angle dos-cuisse doit être inférieur à 90°. Le bras gauche est devant vous. Profitez de cette position pour vous faire masser le bas du dos.

UTILISATION

- En fin de travail, pendant les grosses contractions.
- Cette position peut aider le bébé à s'engager et à descendre dans le bassin de sa mère, lorsque la jambe fléchie est davantage rapprochée de la poitrine.

AVANTAGES

- Le dos est allongé et étiré.
- Le bas du dos est soulagé de la pression du ventre.
- L'angle dos-cuisse est inférieur à 90°.
- Le corps est en asymétrie pour aider au positionnement du bébé et à sa descente dans le bassin, lorsque la jambe fléchie est davantage rapprochée de la poitrine.
- Être couchée sur le côté gauche favorise la circulation sanguine.
- Le dos est dégagé, permettant les massages.

Fig. 58

Envie irrésistible de pousser
Position fermée couchée sur le côté

Il arrive que la femme ait envie de pousser même si le col de l'utérus n'est pas complètement dilaté.

Pour combattre cette envie, pratiquez la **respiration abdominale bouche grande ouverte** (voir chapitre 4). Adoptez une position détendue pour réduire la pression sur le périnée, par exemple la position fermée couchée sur le côté, la position assise, appuyée vers l'avant ou à quatre pattes, le ventre dans le vide. Relâchez complètement les fesses.

Fig. 59

Faire tourner le bébé
Position à demi couchée, jambe pliée

Si le bébé est en **postérieur,** son dos contre votre dos, il a le visage tourné vers l'avant de votre ventre. Ce n'est pas la meilleure position pour l'expulsion. Pour essayer de faire tourner le dos du bébé vers le milieu de votre ventre, ne restez pas sur le dos. L'utérus doit travailler très fort pour faire pivoter le bébé et l'oxygénation de ce dernier n'est pas très bonne en raison de la compression qu'il exerce sur l'utérus avec son dos.

À demi couchée sur le côté gauche pour favoriser la circulation sanguine, pliez la jambe du dessus et allongez l'autre. Demandez à votre partenaire de maintenir la jambe droite levée ou servez-vous d'un étrier.

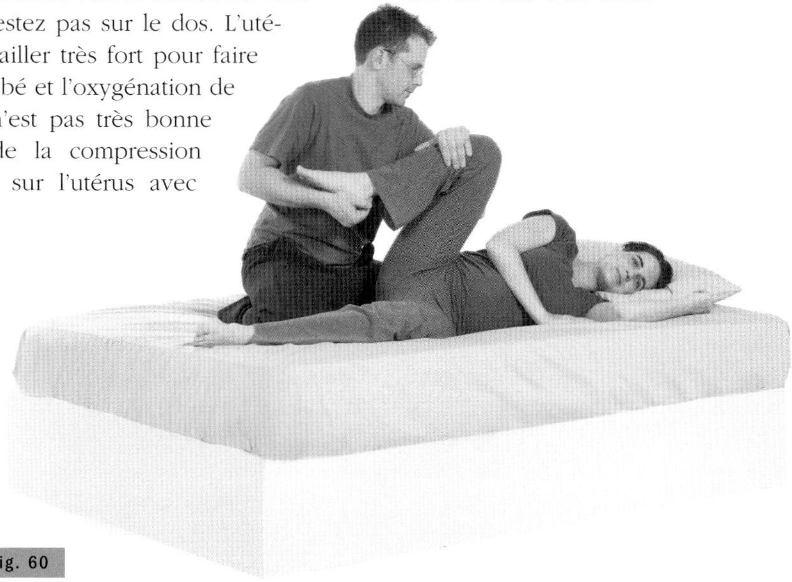

Fig. 60

Position à genoux, tête au sol, fessier relevé

Si le bébé est en **postérieur,** vous pouvez également prendre une position à quatre pattes ou penchée en avant, le ventre relâché et les fesses tirées vers l'arrière. Le poids est vers l'arrière. La pesanteur aidera à faire tourner le dos du bébé, qui est lourd, vers le milieu de votre ventre.

Toutes ces positions visent à soulager la femme pendant son travail actif. Donnez-vous le meilleur confort personnel possible.

Fig. 61

POSITIONS AU MOMENT DE LA NAISSANCE

Lit de naissance

Depuis quelques années, la plupart des centres hospitaliers mettent à votre disposition, dans la chambre des naissances, un lit qui favorise le confort de la mère, tout en lui permettant de vivre le travail et l'expulsion au même endroit.

De nombreuses positions peuvent y être pratiquées.

Le dossier de ce lit, s'inclinant de l'avant vers l'arrière, et la hauteur variable des pieds permettent aux femmes, même celles qui sont moins souples, d'expulser aisément. Expérimentez avec les étriers, la barre transversale, les appuis-pieds, etc., avant que les contractions du stade 1 ne deviennent trop intenses.

Lit d'accouchement

Si le centre où vous accouchez n'a pas de lit de naissance, vous serez sans doute limitée, lors de l'expulsion, à la pratique d'une **position étendue sur le dos,** qui présente certains désavantages, mais qui n'empêche pas la participation de l'accompagnant[53, 54, 55, 56, 57, 58].

AVANTAGE
- Accès facile pour les manœuvres médicales et pour l'écoute du cœur fœtal.

DÉSAVANTAGES
- Compression possible de la veine cave avec baisse de la pression artérielle.
- Contractions plus faibles et moins fréquentes qu'en position assise ou accroupie.
- Stress important au périnée. La poussée est dirigée vers l'anus plutôt que vers le vagin, pouvant causer des déchirures du col et des muscles du périnée.
- Inconfort pour les femmes souffrant de maux au dos.

Respiration « bloquer-pousser »

La manière d'expulser le bébé varie d'une civilisation à l'autre. Depuis un demi-siècle, en Occident, on utilise une approche consistant à bloquer la respiration et à pousser avec les muscles abdominaux grands droits. C'est la respiration «bloquer-pousser», souvent pratiquée dès la dilatation complète du col de l'utérus, indépendamment de l'envie de pousser chez la femme.

Position sur le dos, genoux repliés

Dans l'approche «bloquer-pousser», on invite la femme à pousser pendant la contraction et à retenir son souffle en raccourcissant les muscles abdominaux grands droits (voir illustration 3, page 28). Ainsi, le diaphragme est abaissé à cause de l'air remplissant les poumons, et les grands droits sont contractés par le soulèvement de la tête.

Cette pression vers le bas s'exerce non seulement sur le bébé, mais aussi sur l'utérus et la vessie. Si elle est prolongée, elle peut entraîner des lésions des muscles du périnée et étirer les

Fig. 62

ligaments qui suspendent les organes. Il peut en résulter une incontinence urinaire, une faiblesse du sphincter anal et le glissement vers le bas de l'utérus ou de la vessie[59].

Cette poussée provoque d'autres effets néfastes : chute de la pression artérielle de la mère ; et manque d'oxygène vers le bébé, pouvant provoquer une décélération du cœur fœtal[60].

Position sur le dos, suspendue, les genoux repliés

Cette position est une variante de la précédente et **permet d'expulser, avec ou sans le réflexe expulsif,** sur un lit de naissance comme sur un lit d'accouchement. Elle présente plusieurs avantages dont celui de diriger spontanément la poussée dans l'axe du vagin, vers l'avant, plutôt que sur l'anus.

1. Étendue entre les jambes de votre partenaire (également assis), vous vous appuyez contre lui, la nuque contre son pubis.
2. Suspendez-vous à son cou, à son dos ou à une barre de trapèze.
3. Le partenaire bascule votre bassin en plaçant ses mains dans le pli des genoux, en ouvrant vers l'extérieur et en tirant légèrement les genoux vers lui.

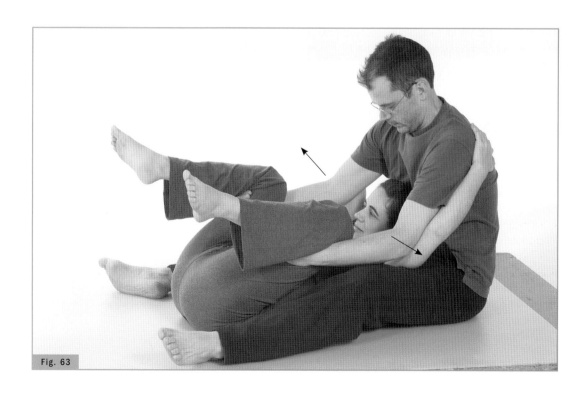

Fig. 63

Il vaut mieux pousser uniquement lorsque le réflexe expulsif se déclenche (sauf indication médicale). Le réflexe expulsif est une force intérieure qui se produit en dépit de la volonté de la femme. Il ressemble au réflexe de vomissement et guide la poussée. Une fois le réflexe déclenché, c'est la contraction involontaire des abdominaux qui agit pour faire descendre le bébé. Il en résulte une pression moins dommageable pour les organes de la mère. Le réflexe expulsif se déclenche quand une partie importante de la surface de la tête du bébé appuie sur les muscles du périnée profond, d'où l'importance de laisser le bébé descendre, après la dilatation complète du col de l'utérus.

Quand le **réflexe expulsif est déclenché,** vous n'avez qu'à vous laisser guider par la poussée.

Respiration expulsive (poussée physiologique)

Si possible, attendez le réflexe expulsif avant de commencer la poussée. Si cela se révèle impossible, pratiquez la respiration expulsive (les positions sont les mêmes). Il s'agit de **pousser sur une expiration longue et soutenue, en rentrant et en remontant le nombril,** tout en relâchant les fesses (voir chapitre 4).

Vous devrez peut-être alterner entre la respiration «bloquer-pousser» et la poussée physiologique. À cet égard, un entretien avec votre intervenant médical et la visite des lieux d'accouchement vous donneront une idée de l'approche au stade 2.

À chaque poussée, imaginez le vagin s'ouvrir. Laissez se faire le passage pour le bébé. Concentrez votre énergie sur la descente du bébé.

Protéger le périnée

Pour éviter des traumatismes au périnée lors de l'accouchement[61]:
- laissez agir le réflexe d'expulsion et visualisez l'ouverture du périnée qui laisse passer le bébé;
- trouvez une position où vous sentez que les efforts de poussée sont dirigés vers l'avant (vulve) et non vers l'arrière (anus);
- pratiquez le massage du périnée pendant la grossesse (voir chapitre 1).

Le prochain chapitre traite de l'importance du massage pour moduler la douleur. C'est par l'effleurement de certaines parties du corps (théorie du portillon) et, ensuite, par la stimulation douloureuse de zones réflexes qu'on atteint cet objectif.

CHAPITRE 6

LES MASSAGES

LES BIENFAITS DES MASSAGES sont reconnus. Faits adéquatement, ils soulagent la femme et aident à prévenir les accouchements difficiles.

La section sur la modulation de la douleur (chapitre 2) décrit trois procédés pour altérer la douleur.

Une première méthode consiste à moduler la douleur en appliquant une stimulation non douloureuse sur le site de douleur. Par exemple, un léger massage pour soulager le mal de dos ou l'effleurage de l'abdomen.

Une autre façon d'altérer la douleur consiste à appliquer une stimulation douloureuse sur un site parfois éloigné de la zone douloureuse. Par exemple le massage des différents points d'acupression ou zones réflexes (surtout V 31 à V 34 et VB 30 ; voir illustration 18, page 87). En plus d'altérer la perception de la douleur, le massage de ces points permet d'obtenir des résultats thérapeutiques particuliers à chacune des zones réflexes : 1) la stimulation du travail par des contractions efficaces et de bonne qualité ; 2) la réduction de la durée du travail par l'accélération de la dilatation du col de l'utérus ; 3) le soulagement des douleurs lombaires[62, 63, 64, 65].

Les effets des massages douloureux agissent autant sur la modulation de la douleur que sur le déroulement du travail et de l'expulsion.

Une troisième méthode consiste à contrôler le système nerveux par la pensée et le mental. Elle utilise les techniques de respiration, relaxation, imagerie mentale, et la compréhension juste de ce que vous vivez (voir chapitres 4, 7 et 8).

Les principes de base pour l'exécution du massage sont toujours les mêmes.

Pendant les contractions, le masseur doit appliquer une pression ferme et douloureuse, sur les zones réflexes.

Pendant la grossesse et entre les contractions, le masseur fait des effleurements non douloureux pour soulager les zones douloureuses ou pour détendre.

Sommaire du chapitre 6 : Les massages

OBJECTIFS	MOYENS
Moduler la douleur dans le but de soulager la femme.	Massage non douloureux pendant la grossesse et entre les contractions. Massage douloureux d'une zone réflexe pendant la contraction.
Prévenir les accouchements compliqués.	Pratique de massages douloureux sur les zones réflexes.
Favoriser la participation du père dans son rôle de soutien auprès de la mère.	Connaissance des massages servant à moduler la douleur et à prévenir les accouchements compliqués.

Dans la pratique du massage, le rôle de l'accompagnant consiste à maîtriser les techniques de modulation de la douleur et à pratiquer les massages non douloureux et douloureux sur les zones réflexes.

Le rôle de la femme consiste à faire confiance au déroulement de l'accouchement et à l'efficacité des massages pour réduire sa perception de la douleur.

MASSAGES NON DOULOUREUX

Visage

Le visage comporte plus de 80 muscles responsables de l'expression des émotions. Les tensions apparaissent particulièrement au front, aux tempes et à la mâchoire.

Pendant le massage facial, suivez votre instinct et la tension disparaîtra. Effleurez au début, puis allez-y plus en profondeur. N'utilisez pas d'huile, mais plutôt une crème hydratante.

Ce massage ne sert pas uniquement à éliminer la tension, mais aussi à sécuriser et à calmer la personne.

Pratiquez-le entre les contractions.

TECHNIQUE DE MASSAGE DU VISAGE

1. Placez les deux mains sous la tête et prenez appui sous les os à la base du crâne. Exercez une pression ferme et pulsative pendant dix secondes. Relâchez quelques secondes et répétez. Profitez-en pour placer les cheveux et la tête en les étirant légèrement vers l'arrière (voir figure 64).

2. Placez les pouces sur le dessus du front et tracez des lignes en faisant glisser ces doigts jusqu'aux tempes. Faites trois lignes à des hauteurs différentes. Maintenez une pression ferme (voir figure 65).

3. Pincez les sourcils entre le pouce et l'index. Débutez à la racine du nez. Terminez au coin extérieur de l'œil. Exercez une pression légère en portant attention au bord supérieur de l'os de l'orbite. Vous y sentirez trois creux (voir figure 66).

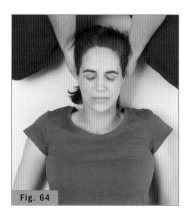

Fig. 64

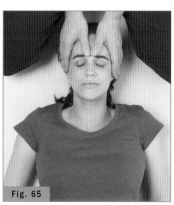

Fig. 65

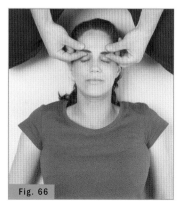

Fig. 66

4. Avec la pulpe de l'index et du majeur, décrivez des cercles de faible amplitude tout autour des tempes. Variez la direction de la rotation. Appliquez une légère pression (voir figure 67).

5. Pour aider à dégager les sinus, faites glisser l'index le long du nez en partant de sa racine. Descendez et contournez l'os de la joue en appliquant une pression ferme, sans peser sur les narines. Faites le mouvement des deux côtés en même temps (voir figure 68).

6. Soulevez légèrement l'os de la joue en plaçant l'index et le majeur sous l'os. Commencez à la racine du nez et terminez sur le côté, à la charnière de la mâchoire (voir figure 69).

7. Joignez les deux mains au centre du menton et pincez légèrement l'os de la mâchoire, entre le pouce et les autres doigts réunis. Faites glisser les mains jusqu'à la charnière de la mâchoire (voir figure 70).

8. Tournez la tête sur le côté. Massez l'oreille en pinçant le lobe de l'oreille entre l'index et le pouce. Débutez à la base de l'oreille et continuez jusqu'au sommet. Répétez des deux côtés. À l'aide de l'index, contournez l'oreille en appliquant une pression ferme sur l'os derrière celle-ci (voir figure 71).

9. Avec les doigts, décrivez des cercles étroits le long du cou. Travaillez uniquement sur les côtés et à l'arrière du cou. Partez du sommet des épaules jusqu'à l'os, derrière l'oreille. (voir figure 72).

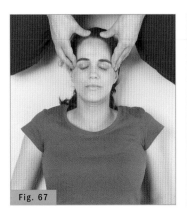
Fig. 67

Fig. 68

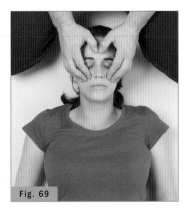
Fig. 69

Fig. 70

Fig. 71

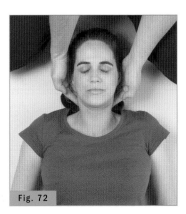
Fig. 72

Sacrum

FONCTION
- Soulage le bas du dos en stabilisant le sacrum qui vibre sous l'effet des contractions.
- Si vous êtes attentif, vous pourrez sentir vibrer le sacrum.

UTILISATION
- Pendant les contractions, appliquez une pression *non douloureuse* sur le sacrum, sans bouger.
- Entre les contractions, massez le sacrum avec la paume de la main, en montant seulement.
- Un léger échauffement de cette zone stimule les fibres non douloureuses pour altérer le message douloureux du bas du dos.

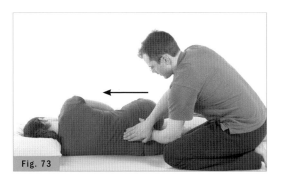

Fig. 73

LOCALISATION
Dans le creux du dos, juste au-dessus du sacrum.

TECHNIQUE DE LOCALISATION
1. Descendez les mains le long de la colonne, jusqu'à la séparation des fesses.
2. Posez les mains l'une par-dessus l'autre, les doigts pointés vers la tête (voir figure 73).

Tour de hanche

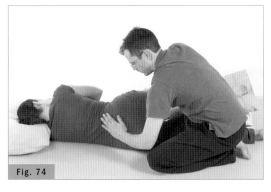

Fig. 74

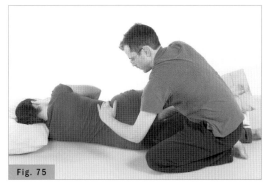

Fig. 75

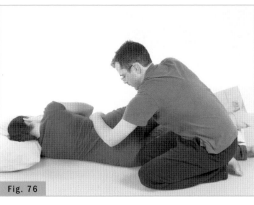

Fig. 76

FONCTION
- Soulage et relâche les muscles du dos souvent tendus par la grossesse.

UTILISATION
- Pendant la grossesse et entre les contractions.
- Entre les contractions, huilez le tour de la hanche. À partir du sacrum, contournez la hanche avec la main et relâchez la pression une fois la main arrivée sur les côtés et le ventre. Revenez en appliquant la pression sur le sacrum.

Muscle piriforme
(VB 30-Huantiao)

FONCTIONS
- Soulage les tensions du bas du dos et des jambes.

UTILISATION
- Durant la grossesse et entre les contractions, en massage *non douloureux* pour soulager les tensions des jambes.

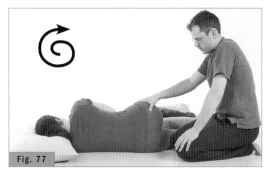

Fig. 77

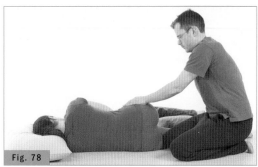

Fig. 78

TECHNIQUE DE LOCALISATION
1. Longez le côté de la jambe, la main à plat, pour sentir la protubérance du grand trochanter, sur la tête du fémur. Placez le doigt juste au-dessus de cette bosse.
2. Imaginez où se séparent les fesses et placez sur ce point un doigt avec la main opposée.
3. Tracez une ligne entre ces deux points et séparez-la en trois parties égales.
4. Le point qui correspond au premier tiers près du grand trochanter est le piriforme.

Vous ressentirez un engourdissement ou une décharge électrique au toucher avec pression.

- Entre les contractions, en partant du centre du point vers l'extérieur.
- Entre les contractions, en balayant avec la paume de la main, du piriforme vers les côtes, et du piriforme le long de la jambe.

LOCALISATION
Le piriforme du bassin est le muscle situé dans la fesse ; il relie le sacrum au bord supérieur du grand trochanter (tête du fémur).

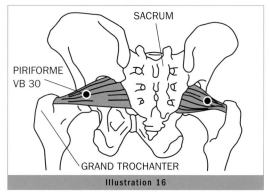

SACRUM
PIRIFORME VB 30
GRAND TROCHANTER
Illustration 16

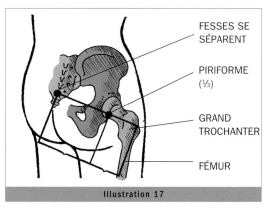

FESSES SE SÉPARENT
PIRIFORME (⅓)
GRAND TROCHANTER
FÉMUR
Illustration 17

MASSAGES DOULOUREUX

Les différents points décrits ici proviennent de l'acupuncture chinoise. Selon cette science ancienne, le corps est parcouru par des circuits énergétiques appelés méridiens. On y trouve des points où l'on peut mobiliser l'énergie. Chaque méridien est associé à un organe et porte son nom : méridien de la vessie (V), du gros intestin (GI), du foie (F), de la vésicule biliaire (VB), etc.

Il y a 14 principaux méridiens en acupuncture.

Certains médecins travaillent avec des acupuncteurs au moment de l'accouchement pour réduire les complications parfois associées à la naissance. Ils parviennent à faciliter le travail.

Si un acupuncteur est présent à votre accouchement, il utilisera probablement des points situés dans les mêmes régions que celles que vous utilisez pour moduler la douleur. Dans ce cas, créez une seconde douleur n'importe où sur le corps. L'essentiel est de provoquer la sécrétion des endorphines tout en favorisant la participation du partenaire.

Comment masser ?

Au moment de l'accouchement, nous appliquons une stimulation douloureuse dans les zones réflexes (points d'acupuncture).

La plupart des points sont relativement faciles à localiser. Voici quelques généralités qui s'appliquent aux zones réflexes.
- Elles sont toutes localisées dans un creux.
- L'acupression provoque une sensation d'engourdissement ou de décharge électrique.
- Elles sont localisées et massées à tour de rôle, de chaque côté du corps.

Le point Huantiao-VB 30 (dans le muscle piriforme de la fesse) est habituellement tendu et douloureux, et il peut être massé pendant la grossesse. Par ailleurs, étant donné que le massage des autres points peut influencer le déroulement du travail, il est déconseillé de les stimuler pendant la grossesse, sauf par un acupuncteur. Ils pourront être hyperstimulés lors de l'accouchement.

LES ZONES RÉFLEXES

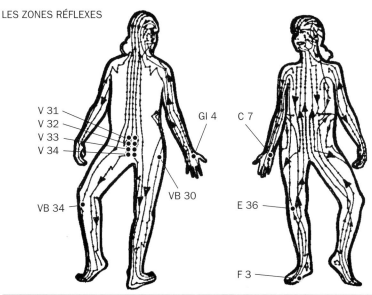

V 31
V 32
V 33
V 34
GI 4
C 7
VB 30
VB 34
E 36
F 3

Illustration 18

Quand masser ?

Le massage pour moduler la douleur peut être pratiqué pendant le travail et l'accouchement.

Pendant les contractions importantes, appliquez une forte pression douloureuse sur le sacrum (V 31-32-33-34), les muscles piriformes (VB 30), les mains (GI 4) ou les autres points (F 3, E 36, VB 34 et C 7).

Vésicule biliaire 30
(VB 30-Huantiao)

FONCTIONS
- Soulage les tensions du bas du dos et des jambes.
- La stimulation *douloureuse* de ce point pendant la contraction module la douleur pour tout le corps, sauf pour la zone stimulée.

UTILISATION
- Pendant toute la durée de la contraction, appliquez une forte pression douloureuse sans bouger.

Fig. 79

Vessie
(V31 à V34)

FONCTIONS
- Soulage les maux de dos pendant les contractions.
- Influence les contractions en les rendant constantes et efficaces.
- La stimulation *douloureuse* de ces points pendant la contraction module la douleur pour tout le corps, sauf pour la zone stimulée.

UTILISATION
- Pendant la grossesse en massage non douloureux, avec la paume de la main seulement, puisque certains de ces points peuvent stimuler les contractions.
- Pendant les contractions, appliquez une forte pression douloureuse qui dure toute la période de la contraction.

Débutez par les V 31 en massant les deux côtés à la fois et continuez avec les points V 32, 33, 34.

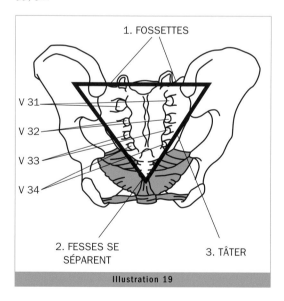

Illustration 19

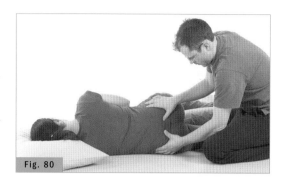

Fig. 80

LOCALISATION
Dans les huit orifices du sacrum.

TECHNIQUE DE LOCALISATION
Dessinez un triangle sur le sacrum pour imaginer clairement la zone où se trouvent les huit trous sacrés.

Les repères sont les suivants.

1. Dessinez la ligne du haut du triangle. Elle est à la même hauteur que les deux fossettes qui sont situées au bas et de chaque côté de la colonne vertébrale.
2. Placez un point là où se séparent les fesses. Cela correspond à la pointe du triangle.
3. Définissez la largeur du triangle en tâtant les côtés du sacrum. Dessinez les deux lignes qui complètent le triangle.
4. À l'intérieur du triangle se trouvent les huit trous sacrés. Ils correspondent aux points V 31 à V 34.
5. Ils sont situés l'un au-dessous de l'autre et à la même hauteur, de chaque côté. Ils sont de la même largeur que la colonne vertébrale.

Vous ressentirez un engourdissement ou une décharge électrique au toucher avec pression.

Gros intestin 4
(GI 4-Hegu)

FONCTION
- Travaille avec les autres zones réflexes pour régulariser les contractions.
- La stimulation *douloureuse* de ce point pendant la contraction module la douleur pour tout le corps, sauf pour la zone stimulée.

UTILISATION
- Pendant les contractions, appliquez une pression ferme et douloureuse.

DEUX LOCALISATIONS
- Le long de l'index, contre le premier métacarpien.
- À l'angle entre le premier et le deuxième métacarpien.

TECHNIQUE DE LOCALISATION
1. Longez l'index en partant du bout du doigt.
2. Vous trouverez un petit creux près de la rencontre des métacarpiens

ou

1. Pincez, avec le pouce et l'index, à l'angle formé par le premier et le deuxième métacarpien.

Vous ressentirez un engourdissement ou une décharge électrique au toucher avec pression.

Foie 3
(F 3-Taichong)

FONCTION
- Travaille avec les autres zones réflexes pour régulariser les contractions.
- La stimulation *douloureuse* de ce point pendant la contraction module la douleur pour tout le corps, sauf pour la zone stimulée.

UTILISATION
- Pendant les contractions, appliquez une pression ferme et douloureuse.

LOCALISATION
Entre le premier et le deuxième orteil, plus bas que l'angle formé par le premier et le deuxième métatarsien.

Ne pas confondre avec les points F 1 et F 2 situés le long du gros orteil.

TECHNIQUE DE LOCALISATION
1. Glissez l'index entre le gros orteil et le deuxième orteil, jusque dans un creux placé avant l'intersection des métatarsiens. Foie 3 (F 3) est plus facilement localisable lorsque l'index entre en crochet dans ce creux et s'appuie sur le métatarsien du gros orteil.
2. Localisez sur les deux pieds à plat au sol.

Vous ressentirez un engourdissement ou une décharge électrique au toucher avec pression.

90

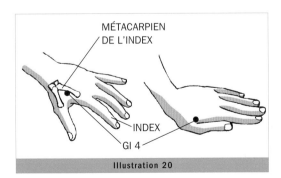

Illustration 20

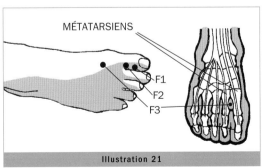

Illustration 21

Estomac 36
(E 36-Zusanli)

FONCTION
- Travaille avec les autres zones réflexes pour régulariser les contractions.
- La stimulation *douloureuse* de ce point pendant la contraction module la douleur pour tout le corps, sauf pour la zone stimulée.

UTILISATION
- Pendant les contractions, appliquez une pression ferme et douloureuse.
- La stimulation de ce point est intéressante quand les membranes sont rompues (il y a alors un écoulement de liquide amniotique) et que les contractions ne sont pas encore installées.
- Ce n'est pas un point de déclenchement, mais il permet à l'accouchement de démarrer dans de meilleures conditions énergétiques.

LOCALISATION
À trois distances sous le Dubi (E 35), entre le tibia et le péroné.

TECHNIQUE DE LOCALISATION
1. Pliez le genou pour trouver le point E 35-Dubi. Il est situé dans le creux juste au-dessous de la rotule. Ce point correspond à la distance 0.
2. Localisez la malléole externe (saillie osseuse de la cheville). Ce point correspond au point 16.
3. Séparez les 16 points en 3 parties presque égales. Vous aurez identifié les points 5, 10 et 16. Le point E 36-Zusanli est situé à la distance 3 de E 35, entre le tibia et le péroné.

Vous ressentirez un engourdissement ou une décharge électrique au toucher avec pression.

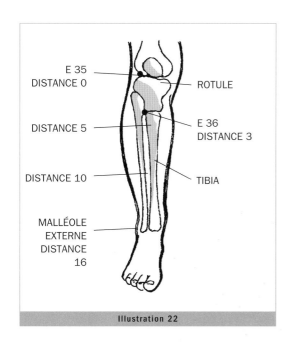

E 35
DISTANCE 0

ROTULE

DISTANCE 5

E 36
DISTANCE 3

DISTANCE 10

TIBIA

MALLÉOLE
EXTERNE
DISTANCE
16

Illustration 22

Vésicule biliaire 34
(VB 34-Yang Ling Quan)

FONCTION
- Travaille avec les autres zones réflexes pour régulariser les contractions.
- La stimulation *douloureuse* de ce point pendant la contraction module la douleur pour tout le corps, sauf pour la zone stimulée.

UTILISATION
- Pendant les contractions, appliquez une pression ferme et douloureuse.

LOCALISATION
Dans le creux, en avant et sous la tête du péroné.

Vous ressentirez un engourdissement ou une décharge électrique au toucher avec pression.

Cœur 7
(C 7-Shenmen)

FONCTION
- Travaille avec les autres zones réflexes pour régulariser les contractions.
- La stimulation *douloureuse* de ce point pendant la contraction module la douleur pour tout le corps, sauf pour la zone stimulée.

UTILISATION
- Pendant les contractions, appliquez une pression ferme et douloureuse.

LOCALISATION
Sur le côté du poignet, sous les plis formés par le poignet.

TECHNIQUE DE LOCALISATION
1. Fléchissez légèrement le poignet.
2. Localisez le creux douloureux sous les plis du poignet.
3. Ne pas confondre avec les points C 6, C 5 et C 4 sur le même méridien.

Vous ressentirez un engourdissement ou une décharge électrique au toucher avec pression.

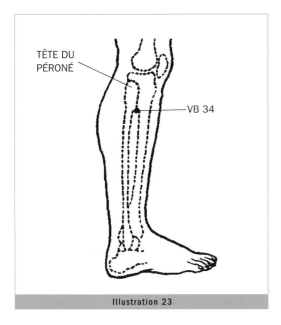

TÊTE DU PÉRONÉ

VB 34

Illustration 23

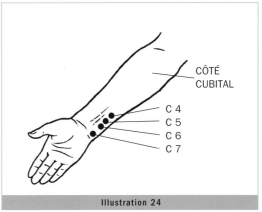

CÔTÉ CUBITAL

C 4
C 5
C 6
C 7

Illustration 24

Sommaire des massages non douloureux

ZONES À MASSER	LOCALISATION	UTILISATION	COMMENT MASSER	EFFETS	CONTRE-INDICATION
Sacrum.	Bas du dos.	Pendant les contractions.	Sans bouger, en appliquant une pression *non douloureuse* contre le sacrum.	Soulage le bas du dos.	Aucune.
		Entre les contractions.	En créant une stimulation *non douloureuse* en frottant le sacrum vers le haut.	Soulage le bas du dos.	Aucune.
Tour de hanche.	Entre le sacrum et la hanche.	Pendant la grossesse. Entre les contractions.	Stimulation *non douloureuse* à partir du sacrum, en contournant la hanche dans un mouvement d'aller-retour.	Relâche les muscles du dos.	Aucune.
Piriforme – Vésicule biliaire 30 (VB 30).	Dans le creux de la fesse.	Pendant la grossesse et entre les contractions.	En créant une pression *non douloureuse.*	Soulage les maux de dos et de jambes.	Aucune.

Sommaire des massages douloureux

ZONES À MASSER	LOCALISATION	UTILISATION	COMMENT MASSER	EFFETS	CONTRE-INDICATION
Vésicule biliaire 30 (VB 30).	Dans le creux de la fesse.	Pendant les contractions.	En créant une stimulation *douloureuse*.	Soulage les maux de dos et de jambes et module la douleur.	Aucune.
Vessie 31 à 34 (V 31 à 34).	Dans les 8 orifices du sacrum.	Pendant les contractions.	En créant une stimulation *douloureuse*.	Agit avec les autres points pour régulariser les contractions. Module la douleur.	Ne pas masser pendant la grossesse.
Gros intestin 4 (GI 4).	Le long de l'index, contre le premier métacarpien.	Pendant les contractions.	En créant une stimulation *douloureuse*.	Agit avec les autres points pour équilibrer le travail. Module la douleur.	Ne pas masser pendant la grossesse.
Foie 3 (F 3).	Entre le premier et le deuxième orteil, plus bas que l'angle formé par le premier et le deuxième métatarsien.	Pendant les contractions.	En créant une stimulation *douloureuse*.	Agit avec les autres zones pour équilibrer le travail. Module la douleur.	Ne pas masser pendant la grossesse. Ne pas utiliser si le travail est très rapide.
Estomac 36 (E 36).	À trois distances sous le Dubi (E 35), entre le tibia et le péroné.	Pendant les contractions.	En créant une stimulation *douloureuse*.	Agit avec les autres zones pour équilibrer le travail. Module la douleur.	Ne pas masser pendant la grossesse.
Vésicule biliaire 34 (VB 34).	Dans le creux, en avant et sous la tête du péroné.	Pendant les contractions.	En créant une stimulation *douloureuse*.	Agit avec les autres zones pour équilibrer le travail. Module la douleur.	Ne pas masser pendant la grossesse. Ne pas utiliser si le travail est très rapide.
Cœur 7 (C 7).	Sur le côté du poignet, en dessous des plis formés par le poignet.	Pendant les contractions.	En créant une stimulation *douloureuse*.	Agit avec les autres zones pour équilibrer le travail. Module la douleur.	Ne pas masser pendant la grossesse.

À RETENIR

Ce chapitre met en évidence de nombreuses techniques de massage qui peuvent améliorer votre vécu à l'accouchement. Elles agissent soit en modulant la douleur, soit en créant des contractions stables et d'intensité suffisante pour faciliter la dilatation du col et raccourcir la durée du travail.

Voici certaines consignes importantes à garder en mémoire.

1. Pendant les contractions, évitez les mouvements de grande amplitude. Massez V 31 à 34 en appliquant une pression suffisante pour créer une douleur. Remplacez, au besoin, les points V 31 à 34 par GI 4 ou VB 30 (piriforme) et appuyez avec le pouce, le coude ou les jointures.

2. Entre les contractions, effleurez le sacrum en glissant les mains vers le haut pour réchauffer cette zone et pour stimuler les fibres qui ne transmettent pas la douleur. Vous pouvez également disperser l'énergie du VB 30 (piriforme) ou flatter toutes les autres zones douloureuses.

Le tableau synthèse à la fin du livre relie les techniques de soulagement et les étapes du travail. Il vous permet de voir de manière structurée ce qui peut être fait, et quand on peut le faire.

Les deux prochains chapitres donnent des indications sur le comment et le pourquoi de la relaxation et de l'imagerie mentale. Ces techniques vous aideront à améliorer la gestion de la douleur, autant pendant la grossesse qu'au moment de la naissance.

CHAPITRE 7

LA RELAXATION

LE STRESS peut avoir un effet positif et stimulant. Mais, s'il n'est pas régulièrement désamorcé, il nous épuise et réduit de façon importante notre qualité de vie.

Repos et relaxation sont des facteurs de santé en tout temps. Mais, au cours de la grossesse et de l'accouchement, leur importance s'accroît, car ils préviennent la fatigue, assurent le bien-être physique et mental, constatent les tensions du corps, désamorcent et préparent à la pratique de l'imagerie mentale.

Sommaire du chapitre 7 : La relaxation

OBJECTIFS	MOYENS
Désamorcer stress, fatigue et inconfort.	Pratique de la relaxation.
Préparer l'imagerie mentale (chapitre 8).	Pratique de la relaxation.
Désamorcer le cycle peur-tension-douleur. Favoriser une attitude de calme et de confiance. Laisser passer la douleur.	Relâchement des tensions musculaires. Connaissance et pratique des techniques pour moduler la douleur. Compréhension juste.

Dans la relaxation à l'accouchement, le rôle de l'accompagnant est de rappeler à la femme de se détendre et de laisser passer la douleur.

Le rôle de la femme consiste à maîtriser une technique de relaxation pour désamorcer rapidement les sources de tension.

DÉSAMORCER LA PEUR

Il est très important de désamorcer le cycle peur-tension-douleur[66] pendant l'accouchement. La peur et l'angoisse créent des tensions qui, à leur tour, accentuent la douleur. Vous pouvez atténuer les effets de ce cercle vicieux en apprenant et en appliquant les techniques de modulation de la douleur. C'est par la répétition mentale d'attitudes positives («Je vais bien et je suis calme») que vous pourrez gérer la douleur et que vous réussirez à vous adapter aux impondérables de l'accouchement.

La relaxation joue un rôle clé dans la perception de la douleur. Détendu, le corps se revitalise et procure un bien-être global. De plus, grâce à l'action des centres nerveux supérieurs, la relaxation permet de conditionner la pensée et de voir la contraction comme essentielle au déroulement du travail. À l'accouchement, la détente induite par la respiration devrait être utilisée pendant les contractions en tentant de relâcher les abdominaux, les adducteurs et les muscles du périnée. L'apprentissage de la relaxation, avec l'aide d'un enregistrement audio, vous aidera à vous familiariser avec les bases des méthodes active et passive. Plus vous vous entraînerez, meilleurs seront les résultats.

Cette section propose des méthodes et des trucs pour apprendre à se relaxer.

Indications générales

- Pratiquez la relaxation sous une lumière tamisée, à l'écart des bruits, dans des vêtements amples et à une température confortable, pour mieux détendre vos muscles.
- Créez votre détente physique en choisissant l'approche qui vous réussit le mieux. Si vous maîtrisez déjà une méthode de relaxation efficace, utilisez-la.
- Prévoyez une période de relaxation par jour.
- Si vous travaillez selon un horaire structuré, profitez au maximum des temps d'arrêt (pause santé et heure de repas). Prenez également une période de détente entre le travail et toute autre obligation.
- Apprenez à vous détendre au cours de la grossesse et vous serez en mesure de bien le faire au moment de l'accouchement.

La tension peut être source d'inconfort et de retard dans la progression du travail. Le repos et la relaxation réduisent la fatigue et vous aident à répondre aux exigences de l'accouchement.

POSITIONS DE RELAXATION

On peut se détendre dans chacune des positions ci-dessous. Pratiquez la relaxation chaque fois que vous êtes au repos.

Couchée sur le dos

Cette position, particulièrement confortable au début de la grossesse, peut provoquer des problèmes à un stade plus avancé, à cause de la pression exercée par le poids du bébé sur la veine cave et le bas du dos.

- Appuyez la tête sur un oreiller. Utilisez-en deux si cela vous semble plus confortable. Placez alors le second oreiller dans le sens de la longueur pour supporter les épaules.
- Placez un ou deux oreillers mous ou une couverture repliée sous les genoux. Maintenez les genoux fléchis ; ainsi, la courbure lombaire s'atténue et vous pouvez mieux vous détendre.
- Écartez les jambes, les pieds tournés vers l'extérieur.
- Pliez légèrement les coudes, les mains sur le lit, les paumes tournées vers le haut.

Fig. 81

Couchée sur le côté

Ces deux positions sont plus reposantes lors de la dernière phase de la grossesse et pendant le travail.

POSITION FERMÉE

- Couchez-vous sur votre côté préféré. Cependant, en vous couchant sur le côté gauche, vous favorisez une meilleure circulation sanguine.
- Étendez le bras sur le lit derrière vous. Pliez-le légèrement.
- Posez la tête et une partie de la poitrine sur le matelas.
- Pour reposer le dos et l'abdomen, pliez légèrement la jambe devant vous en l'appuyant sur un oreiller.
- S'il y a lieu, réduisez la tension des muscles abdominaux en plaçant un petit coussin ou une couverture repliée sous le ventre ou la jambe.

Fig. 82

POSITION OUVERTE

- Couchez-vous sur votre côté préféré.
- Appuyez la tête sur l'oreiller.
- Pliez légèrement la jambe devant vous en l'appuyant sur un oreiller
- Pliez un bras devant vous. Reposez l'autre sur la hanche ou le ventre.
- Au besoin, placez un oreiller sous le ventre.
- Si le bras s'engourdit, appuyez-vous sur un oreiller placé sous le dos.

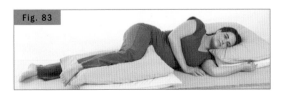

Fig. 83

MÉTHODES DE RELAXATION DE BASE

La relaxation musculaire progressive (active)

Cette méthode convient bien aux gens qui éprouvent de la difficulté à se concentrer. Elle s'appuie sur la différence entre la tension et la relaxation[67].

TECHNIQUE DE BASE

La relaxation musculaire progressive comprend trois étapes.

1. Contractez fortement un muscle et remarquez la tension qu'il procure.
2. Relâchez ce muscle.
3. Portez votre attention sur la différence entre les deux sensations.

   Cette technique peut se pratiquer en position assise ou couchée. Elle ne prend qu'une vingtaine de minutes. Essayez-la dans une atmosphère calme et détendue.

   L'entraînement suivant aidera à détendre le corps pendant les contractions.

1. Fermez la main pour former un poing.
   Serrez les doigts le plus fortement possible.

Remarquez la sensation que ce mouvement procure : les muscles sont tendus et raidis et la main tremble un peu.
Sentez la tension dans la main, le poignet et l'avant-bras.
Maintenez cette contraction quelques secondes. Retenez votre souffle si vous le désirez.
Pendant que vous serrez la main, détendez toutes les autres parties du corps.

2. Relâchez.
   Relâchez la main.
   Relaxez le poignet.
   La tension disparaît.
   Remarquez à quel point la main semble plus lourde que lorsqu'elle est tendue, que le poignet et l'avant-bras ont perdu leur tension.

3. Remarquez la différence de sensation entre la main tendue et la main détendue.
   La main picote-t-elle ou est-elle chaude ?
   La tension que vous sentiez lorsque la main était tendue a-t-elle disparu lorsque vous avez relâché ?

Fig. 84

Fig. 85

PROGRESSION DE LA TECHNIQUE

Il est bon d'essayer cet exercice sur chaque grand groupe musculaire ou sur tous à la fois. La technique de base ne change pas:

- contractez le muscle;
- relâchez la tension;
- remarquez la différence.

Vous pouvez:

- commencer avec les mains, puis passer aux autres muscles;
- progresser de la tête aux pieds en tendant et en relâchant les muscles du visage, des épaules, des bras, des mains, de la poitrine, du dos, de l'abdomen, des jambes et des pieds;
- contracter toutes les parties à la fois.

La relaxation autogène (passive)

La relaxation autogène fait passer l'esprit avant le corps. Par simple suggestion, vous conditionnez votre corps en lui dictant comment il doit se sentir. Vous obtenez ainsi une réponse de relaxation chaque fois que vous vous sentez tendue ou stressée[68].

TECHNIQUE DE BASE

La relaxation autogène est une technique fondée sur la concentration et l'autosuggestion.

Étendue, fermez les yeux et essayez de faire le vide (ne portez pas de vêtements serrés).

1. Faites des respirations abdominales pendant quelques instants.
2. Répétez des suggestions apaisantes, comme: «Je suis calme; je vais bien.»
3. Concentrez-vous sur la main droite et répétez: «Ma main droite est lourde et chaude.» Elle semble devenir plus lourde et chaude. Faites de même en vous concentrant sur la main gauche, la jambe gauche, etc., jusqu'à ce que vous soyez complètement détendue.
4. Respirez profondément et étirez-vous en finissant l'exercice.

Ouvrez les yeux, expirez doucement et remarquez comment vous vous sentez.

En perfectionnant cette technique, vous pourrez vous détendre n'importe où, n'importe quand.

Cette technique convient bien aux gens qui se concentrent facilement. Son apprentissage demande du temps et surtout de la détermination. Commencez deux fois par jour, dix minutes à la fois. Quatre à huit semaines plus tard, vous obtiendrez un niveau de relaxation satisfaisant en cinq minutes seulement. En progressant, vous verrez qu'il est de plus en plus facile de vous détendre à volonté.

Fig. 86

Respiration abdominale

La respiration facilite la relaxation. Elle se fait sans effort et le cerveau s'en occupe rarement. Pourtant, une expiration partielle, à 70 % de sa capacité pendant quelques cycles respiratoires, déclenche immédiatement un sentiment d'anxiété. Au contraire, une respiration lente et une expiration profonde suffisent la plupart du temps à nous calmer[69].

Quand on est stressé, on coupe sa respiration et on la retient. La quantité d'oxygène parvenant au cerveau diminue, les tissus et les muscles se raidissent. L'anxiété ainsi provoquée amorce le cycle peur-tension-douleur.

Pour obtenir une meilleure oxygénation et une plus grande relaxation, pratiquez la respiration abdominale.

1. Concentrez-vous sur la respiration en fermant les yeux.
2. Expirez lentement par le nez en rentrant le ventre et en remontant le nombril.
3. Relâchez votre effort et détendez le ventre. Votre inspiration se fait toute seule.

Au fur et à mesure que l'utérus grandit, il exerce une pression sur les poumons et modifie la respiration. Pour compenser ces changements, le thorax s'élargit et le rythme de la respiration augmente graduellement.

Durant la grossesse, la pratique des respirations abdominales constitue un bon moyen de satisfaire le besoin de bien s'oxygéner. Elles aident à :
- obtenir une meilleure oxygénation pour la mère et pour le bébé ;
- augmenter le travail des muscles respiratoires ;
- favoriser la détente physique et mentale ;
- augmenter la concentration et le contrôle des pensées.

La relaxation et l'imagerie mentale (voir chapitre 8) préparent le corps et conditionnent la pensée en vue d'un accouchement heureux.

Le chapitre suivant démontre comment l'imagerie peut aider à l'accouchement.

CHAPITRE 8

L'IMAGERIE MENTALE

DEPUIS NOTRE TENDRE ENFANCE, de nombreux événements conditionnent notre façon de percevoir la douleur. Sans le savoir, ces modèles, construits grâce à notre entourage, nous suivent encore aujourd'hui. Ils marquent de façon importante notre façon de vivre et de gérer la douleur. Comme l'accouchement sans douleur n'est pas chose commune, il importe de connaître comment nous avons appris, au fil des ans, à réagir et à répondre à la douleur[70].

L'imagerie mentale joue un rôle important dans la modulation de la douleur. Elle permet de prendre conscience des modèles liés à la douleur et facilite l'induction de nouvelles réponses. Grâce à une pratique assidue, vous pourrez remplacer vos réactions inefficaces à la douleur par des réponses favorables.

De plus, l'imagerie est un précieux outil pour préparer psychologiquement la naissance. Elle aide à se fixer des objectifs réalistes et à développer des moyens pour les atteindre. Cela contribue à faire de la naissance un événement satisfaisant.

Pour faciliter la préparation mentale, deux outils sont indispensables:
1. comprendre les mécanismes de l'accouchement (durée, degré de difficulté, interventions possibles, etc.);
2. connaître les techniques pratiques de gestion de la douleur (respirations, positions, massages, relaxation).

Ce chapitre vous aidera à intégrer l'imagerie mentale à votre quotidien.

Sommaire du chapitre 8: L'imagerie mentale

OBJECTIFS	MOYENS
Moduler la douleur.	Action des centres nerveux supérieurs et répétition mentale de mots qui calment et rassurent, par exemple : «Je vais bien et je suis calme.»
Développer une vision saine de l'accouchement dans le but de prévenir les déceptions.	Fixation d'objectifs réalistes quant au travail et à l'accouchement. (Éviter les modèles rigides qui laissent peu de place aux imprévus.) Visualisation de multiples scénarios fondés sur une attitude de calme et de confiance. Identification des sphères d'intervention qui reviennent à chaque participant.
Conditionner des messages positifs face aux étapes qui inspirent une certaine appréhension.	Visionnement de films ou discussion avec une personne-ressource compétente.
Partager en couple la naissance.	Les couples préparent ensemble les différents outils qui aident à gérer la douleur et l'accompagnement. Ils échangent sur leurs besoins, attentes et perceptions de la naissance.

Dans la préparation psychologique de la naissance, les rôles du père et de la mère consistent à se forger une perception juste et réaliste du déroulement du travail et de l'accouchement.

Cette perception reflète les interventions de chacun et leurs objectifs à atteindre.

Comme nous l'avons vu au chapitre 2, nos images mentales influencent notre perception de la douleur. La pratique de l'imagerie mentale sert de deux manières :

1. Prendre conscience des images et souvenirs que notre cerveau a enregistrés depuis notre enfance face à la douleur et à l'accouchement.
2. Installer de nouvelles réactions à ces stimuli.

PRENDRE CONSCIENCE DES MESSAGES REÇUS

La douleur et l'accouchement sont modulés par l'ensemble de nos expériences. Les facteurs sociaux et environnementaux peuvent influencer non seulement notre perception immédiate de l'événement, mais aussi nos réactions futures.

Le simple fait de mettre de côté la pensée de l'accouchement ne permet pas d'anticiper les émotions et les réactions possibles face à la naissance.

La pratique consciente et volontaire de l'imagerie mentale le fera.

Il suffit, pour y parvenir, de se plonger dans un état de détente et de se laisser aller au gré de différents scénarios imaginés.

MODIFIER LES MESSAGES

Après avoir pris conscience de notre réaction face à une expérience, la répétition mentale d'une nouvelle image permet de corriger ou d'induire les messages voulus. Si les images de l'expulsion du bébé, par exemple, sont fréquemment absentes dans les exercices d'imagerie, elles peuvent être induites par le visionnement de films ou de photographies explicites sur ce thème. Lors de la pratique de l'imagerie, ces représentations, associées à des messages positifs du type «Je sais comment expulser et j'en suis capable», créent des images favorables à l'expulsion.

D'autre part, la répétition d'une image négative du type «J'accouche et je ne sais pas quoi faire pour me soulager de ma douleur», bloquerait la créativité et induirait l'impuissance comme réponse à la douleur.

Si, au contraire, on se dit : «À l'accouchement, je vais bien utiliser les respirations et elles me seront d'un grand secours pour gérer ma douleur», il est clair que la nouvelle image aide davantage à appliquer les stratégies apprises pour réduire la douleur.

QUOI IMAGINER

L'imagerie peut comprendre un scénario complet ou seulement une courte scène. Pensons encore une fois à la naissance. Un des exercices proposés à la fin de ce chapitre décrit l'accouchement, depuis le déclenchement des contractions jusqu'aux moments suivant la naissance. Vous pouvez imaginer toutes les étapes intermédiaires (respirations, interventions, réactions, etc.). C'est le scénario global.

À l'occasion, vous pouvez imaginer certaines scènes telles que l'étirement des muscles du périnée dans le but de mettre l'accent sur un muscle souple, répondant favorablement au stress du passage de la tête du bébé.

Ce type d'imagerie porte sur une partie du scénario. Vous pouvez pratiquer pendant les périodes d'éveil, surtout lorsque vous êtes dans la lune. Pendant ces moments, ce sont les images des parties moins conscientes qui font surface, même si la relaxation n'a pas précédé l'exercice. Ces périodes sont riches et servent à induire des messages positifs tels que «Mon périnée est souple et s'étire au passage du bébé».

Le contenu des séances d'imagerie mentale doit être positif, varié et souple. On doit éviter les modèles stagnants, rigides, qui nous empêchent de nous préparer à faire face aux différents scénarios éventuels.

Évitez d'avoir des objectifs trop élevés pour l'accouchement: aucune intervention médicale, aucune perte de contrôle, telle position ou tel rôle pour le partenaire, etc. Visez plutôt un objectif simple et réaliste, par exemple: la mère et le bébé sont en bonne santé. Les facteurs d'irritation seront moindres et la perception de réussite, meilleure.

La préparation prénatale doit servir à définir les sphères de pouvoir et d'influence de chacun. Nous pouvons décider de notre attitude face aux situations imprévues, choisir de pratiquer ou non telle technique pour gérer la douleur. Nous ne pouvons pas décider de la durée du travail, de la force des contractions, de la réaction du bébé aux contractions, de son poids ou de sa position d'expulsion. Avec ces différentes variables, il est possible que l'induction médicale du travail, le moniteur fœtal, le forceps, la ventouse ou la césarienne soient nécessaires pour assurer la sécurité de la mère et du bébé.

Si l'image visualisée est trop précise ou trop ambitieuse, dans des sphères qui sont hors de notre contrôle, nous aurons des déceptions après la naissance. Nous devons chercher davantage à fixer notre attention sur des objectifs réalistes et sur des attitudes que nous pouvons contrôler: «Peu importe ce qui arrive, nous serons calmes et confiants.»

Consignes de base

Fixez-vous des objectifs réalistes, qui vous laissent une bonne marge de manœuvre. Distinguez les éléments que vous pouvez contrôler, ceux que vous pouvez influencer et ceux qui sont hors de votre contrôle.

1. Définissez un plan d'action pour atteindre votre objectif. Par exemple:
   a. suivre des cours de préparation à la naissance;
   b. faire des exercices;
   c. pratiquer des techniques de modulation de la douleur.
2. Imaginez les scènes qui semblent vous déranger le plus.
   Au besoin, faites appel à des films et des photographies pour vous aider.
3. Imaginez de nombreux scénarios et induisez des images positives comme: «Je vais bien et je suis capable de gérer ma douleur.» Répétez souvent des mots clés, tels que: «Je suis calme et confiante.»
4. Lorsque vous avez fixé vos objectifs et que vous avez appliqué votre plan d'action, faites confiance à la vie et lâchez prise[71, 72, 73].

EXERCICES D'IMAGERIE

Consignes générales

- Avant d'amorcer l'imagerie mentale, plongez-vous dans un état de détente par la pratique de la relaxation musculaire progressive ou de la relaxation autogène (voir chapitre 7).
- Prenez l'une ou l'autre des positions de relaxation.
- Si vous choisissez la position assise, gardez le dos droit, les pieds à plat sur le sol et les bras dans une position confortable.
- Gardez les yeux clos.
- Observez comment la respiration ralentit et se régularise, et comment les muscles se détendent.
  - Pendant l'exercice d'imagerie, observez ce que vous ressentez et comment vous réagissez. Vous concentrez-vous bien?
  - Les images que vous percevez sont-elles claires?
  - Les scènes s'enchaînent-elles doucement ou sont-elles saccadées?
  - De façon générale, que pouvez-vous améliorer?

Scénario 1 : Préparer l'accouchement

OBJECTIF
Imaginer les différentes étapes de l'accouchement.

PLAN D'ACTION
1. Réviser le document synthèse en annexe.
2. Continuer la pratique des exercices de respiration.
3. Réviser les étapes du massage.
4. Réviser les positions de travail.
5. Imaginer l'ouverture du col, de 1 à 10 cm.
6. Imaginer la descente du bébé.

GÉNÉRALITÉS
Vous devez pratiquer ce scénario :
- régulièrement ;
- au complet ou petit à petit ;
- en faisant varier :
  - la durée du travail ;
  - le lieu de l'accouchement ;
  - l'utilisation des techniques pour moduler la douleur ;
  - les positions.

Le scénario proposé comprend la participation du couple à la naissance et s'adresse davantage aux femmes qui accouchent d'un premier bébé.

Si vous avez déjà accouché, raccourcissez les délais, et quittez la maison lorsque les contractions sont aux dix minutes depuis une heure.

Si vous êtes seule ou accompagnée d'une autre personne que le partenaire, ajustez le scénario au besoin.

Scénario

Nous sommes à la maison, un dimanche soir, et tout est calme. Ma grossesse est à terme et nous nous sentons bien. Depuis deux jours, j'ai eu des contractions. C'était certainement du faux travail, puisque leur fréquence n'était pas régulière, l'intensité ne variait pas et le repos les faisait cesser.

Depuis cet après-midi, quelque chose d'autre se passe. Nous sommes allés marcher et prendre l'air et mes contractions sont différentes. Elles sont de plus en plus rapprochées, au début aux 15-20 minutes, ensuite aux 8-10 minutes. Elles sont également de plus en plus intenses.

Depuis environ une heure, mes contractions ont lieu presque toutes les cinq minutes. Un bain relaxant, suivi d'un repos, ne change rien à la fréquence ni à l'intensité des contractions. Comme nous avons l'impression d'avoir affaire au vrai travail, nous nous préparons pour le départ vers l'endroit où nous souhaitons vivre la naissance de notre enfant. Nous n'avons pas à nous presser et nous nous sentons calmes et confiants, nos valises ont été préparées à l'avance.

Le trajet en voiture se fait bien, la circulation étant fluide à cette heure de la soirée. Il est presque 22 heures quand nous arrivons à destination. Nous trouvons un stationnement sans problème et, malgré mes contractions, nous marchons pour entrer dans le bâtiment. Nous nous sentons calmes et confiants.

Nous franchissons les différentes étapes de l'inscription et choisissons l'endroit où se déroulera l'accouchement. Mes contractions continuent; elles sont d'intensité moyenne et la respiration abdominale suffit pour me détendre le corps. À chaque contraction, je pense à détendre le périnée profond en relâchant les fesses.

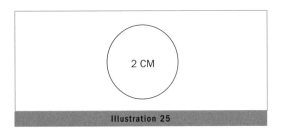

Illustration 25

Le premier examen gynécologique révèle que le col de l'utérus est dilaté à deux centimètres.

C'est bien. Nous savons que plusieurs contractions devront agir pour dilater le col complètement. Nous restons calmes et confiants.

Je vais bien et notre enfant aussi. Mes contractions continuent toute la nuit et deviennent de plus en plus intenses et fréquentes.

Malgré la phase de latence et le col qui s'amollit et se dilate peu, nous sommes confiants et calmes.

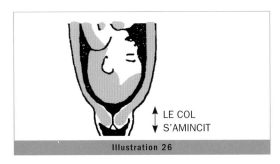

LE COL S'AMINCIT

Illustration 26

En attendant la dilatation complète du col, nous patientons. Les respirations et les différentes positions nous aident à maintenir un niveau d'énergie convenable. Les massages d'acupression favorisent les contractions régulières et intenses. Je pense à bien relâcher le périnée profond et à détendre les fesses à chaque contraction, et cela me soulage.

Vers 7 heures, la phase active débute. Mes contractions sont très intenses et rapprochées, d'une durée de 60 à 90 secondes. Par bout, nausées, vomissements, transpiration et frissonnements se succèdent. Malgré cela, nous sommes calmes et confiants; les techniques pour moduler la douleur aident vraiment. Pendant une contraction, la respiration en soufflant ou en chantant maintient mon attention ailleurs que sur la contraction.

Je prends des positions qui favorisent la pratique des massages et la stimulation douloureuse sur les zones réflexes (V 31 à 34 ou VB 30) m'aide considérablement.

Entre les contractions, le massage léger du sacrum désensibilise cette zone particulièrement tendue.

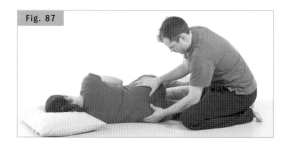

Fig. 87

Fig. 88

Nous bougeons et parlons peu pendant les contractions : cela nous aide à rester concentrés.

Finalement, autour de 11 heures, mon col se dilate complètement. Nous sommes très satisfaits ; nous savons que la prochaine étape sera différente de la première.

La position accroupie, les bras en suspension aide à faire descendre le bébé à la vulve.

Puis, je sens le réflexe expulsif, une force intérieure qui se déclenche en dépit de ma volonté. La contraction réflexe de l'utérus guide ma poussée. Cela ressemble au réflexe qui se produit lors du vomissement. Je sens la contraction involontaire du muscle abdominal qui agit pour faire descendre le bébé. Ce muscle serre et fait rentrer le nombril.

Chaque contraction fait descendre le bébé. Nous sommes toujours calmes et confiants. Je suis en position expulsive.

Fig. 89

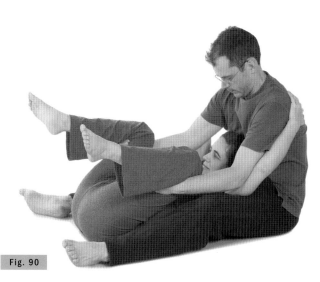

Fig. 90

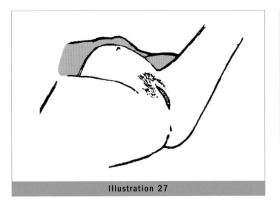

Illustration 27

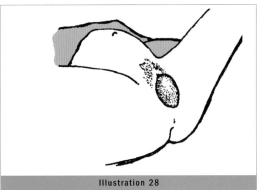

Illustration 28

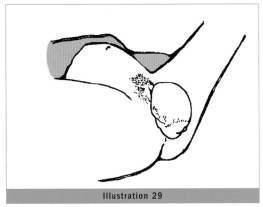

Illustration 29

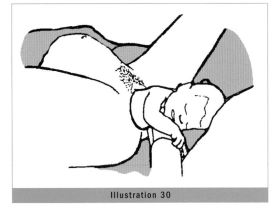

Illustration 30

De l'extérieur, on voit la tête du bébé apparaître.

Alors qu'il plonge pour faire sa sortie, le périnée s'étire sous sa pression.

Grâce aux contractions suivantes, la tête fait doucement son apparition avec le nez tourné vers le sol. Elle pivote ensuite légèrement.

Les épaules, le tronc, le bassin et les jambes suivent.

L'enfant est né. Nous sommes heureux et satisfaits. Maman, papa et bébé vont bien.

Les prochaines minutes servent à l'expulsion du placenta. La contraction aidant, la poussée se fait de la même manière que ce qui vient d'être pratiqué. Le massage de l'abdomen fait se contracter l'utérus qui cesse de saigner. Nous sommes très satisfaits et fiers.

À la fin de l'exercice, nous imaginons autour de nous une spirale de lumière qui calme et rassure. Nous la commençons autour de la tête et la faisons descendre jusqu'aux pieds et remonter à la tête.

Fig. 91

Scénario 2 : Imaginer l'expulsion

OBJECTIF

Imaginer la descente du bébé pour faciliter l'expulsion.

PLAN D'ACTION

- Répéter les exercices pour les muscles abdominaux.
- Imaginer les étapes de la respiration expulsive.
- Réviser les positions de la phase d'expulsion.
- Imaginer la descente du bébé.

Scénario

Plongez-vous dans un état de relaxation.

Vous êtes le bébé à l'intérieur du ventre de sa mère en travail.

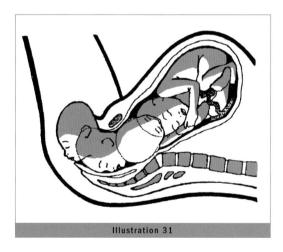

Illustration 31

Je suis bien dans le ventre de ma mère. Je baigne dans le liquide et me sens à l'aise. J'entends battre le cœur de ma mère. Je reconnais sa voix et celle de mon père. C'est rassurant et je me sens calme.

Je sens une pression contre le dos et les fesses. C'est sans doute une contraction. C'est comme si mon corps était aspiré vers le bas. Je me sens à la fois tiré et poussé. Je sens que je glisse et que le dessus de ma tête est appuyé contre quelque chose. C'est peut-être le plancher pelvien ou la vulve de ma maman. Je sens une fraîcheur. Mon corps glisse vers le bas et je me retrouve à la vulve : le sommet de la tête, le front, le nez, la bouche et le menton avancent. Ma tête tourne toute seule et le reste de mon corps suit.

Je vois de la lumière. Je crois même qu'elle est bleue. Je sens un corps chaud contre le mien. On vient de me déposer sur le ventre de maman. L'ambiance est calme et détendue autour de moi. Je me sens bien.

Une préparation mentale adéquate devrait déboucher sur des scénarios qui tiennent compte de la particularité de chaque accouchement. Une habileté à s'adapter aux imprévus de la naissance et la conviction que les techniques pour gérer la douleur vous soulagent sont des éléments essentiels pour vivre la naissance de votre enfant de façon satisfaisante. Le grand défi de cette aventure est de savoir être responsable et tout mettre en œuvre pour s'aider. Ensuite, il faut lâcher prise et s'en remettre avec détachement aux forces de la nature.

ÉPILOGUE

Les femmes veulent obtenir de l'information sur la grossesse et l'accouchement, être davantage consultées, participer à la naissance en étant éveillées, et elles veulent bénéficier du soutien de leur partenaire. Ces attitudes humanisent la naissance et satisfont profondément les parents.

Les sages-femmes, les maisons des naissances, les cliniques de maternité et les centres hospitaliers cherchent à créer un environnement familial qui rappelle celui du foyer et où le couple vit le travail et l'accouchement sans avoir à se déplacer.

La manière d'accoucher et le lieu de l'accouchement restent toujours des questions importantes. De plus en plus, les parents réclament des lieux de naissance adaptés à leurs besoins. Ils souhaitent un minimum d'interventions sans pour autant compromettre la sécurité de la mère et de l'enfant. Peu importe où se déroule la naissance, l'environnement choisi doit être sécuritaire et doit pouvoir répondre aux urgences du moment. Les intervenants doivent être qualifiés et compétents pour déceler les anomalies dans l'évolution du travail et, au besoin, mettre rapidement la femme en contact avec les spécialistes.

Pour prendre une décision éclairée sur le lieu de naissance, discutez-en en couple et avec des intervenants qualifiés. N'oubliez pas qu'il n'y a pas que l'environnement physique et le nombre d'interventions qui déterminent la satisfaction à l'accouchement. L'ambiance dans laquelle se déroule cet événement joue également un rôle déterminant. Choisissez un lieu où vous vous sentez en sécurité et une équipe avec laquelle existe une complicité. Ces facteurs sont importants pour vivre cet événement dans un climat de confiance et de détente.

Confiance et calme restent des attitudes de base qui permettent de garder votre sang-froid et de vous adapter à tous les impondérables de la naissance. Bien définir nos responsabilités et celles des intervenants est le gage d'un vécu harmonieux lors de cet événement. Cette étape prépare votre engagement avec votre enfant.

Tout au cours de son processus de maturation, votre couple aura à franchir différentes étapes qui auront un effet sur vos relations. La naissance de la famille impose un stress, des changements et une adaptation.

Soignez votre relation de couple. Elle est la base de votre famille. Prenez l'habitude de vous consacrer du temps en couple : les vendredis soirs sans les enfants et quelques jours de congé à l'occasion pour refaire le plein et renouer l'amour entre vous deux. Donnez-vous toutes les chances de vivre pleinement l'expérience d'être parent, car c'est un engagement pour la vie.

Grâce aux techniques qui vous sont enseignées dans ce livre, vous aurez sans doute découvert comment il est possible de mieux vous comprendre et de vous aider l'un l'autre. Vous aurez une préférence pour certaines techniques – respirations, exercices, massages, relaxation et imagerie mentale. Peu importe celles que vous retenez, l'important, c'est que vous puissiez travailler ensemble pour trouver un réconfort dans les périodes difficiles.

Après la naissance de votre enfant, vous éprouverez peut-être de la difficulté à vous adapter aux nombreux changements qu'exige la vie familiale. N'hésitez pas à demander de l'aide. Vous n'êtes pas les seuls à vous sentir parfois dépassés et isolés. Faites appel aux ressources de votre famille, de votre entourage et de votre communauté. Ces personnes pourront vous aider tout au long de votre transition.

Tableau synthèse des stades, contractions, respirations, positions, massages

STADE	DURÉE	TYPE DE CONTRACTION	TECHNIQUE RESPIRATOIRE	TYPE DE CONTRACTION ET AJUSTEMENT
Stade 1 : **Phase de latence**	*Première grossesse :* 6 à 8 heures (maximum 20 heures). *Grossesses suivantes :* 4 à 6 heures (maximum 14 heures).	*Intensité :* faible à moyenne. *Forme :* vague douce, atteint son seuil et redescend. *Durée :* 30 à 45 secondes, parfois plus longue. *Intervalle entre deux contractions :* 5 à 20 minutes.	Pratiquez la respiration abdominale.	La contraction peut être plus intense. Préparez-vous à souffler ou à chanter.
		Intensité : modérée à forte. *Forme :* la vague atteint un seuil plus élevé ; son ampleur est plus longue. *Durée :* 60 secondes. *Intervalle entre deux contractions :* 2 à 5 minutes.	Pratiquez la respiration abdominale avant et après chaque contraction.	Pendant la contraction, pratiquez la *respiration abdominale, soufflante ou chantante.*

ÉTAT DE LA MÈRE	RÔLE DE L'ACCOMPAGNANT	POSITIONS POUR CONFORT	MASSAGES
Excitée, parfois légèrement anxieuse. Bon niveau d'énergie.	Aidez à maintenir un environnement calme. Ne vous empressez pas de vous rendre à l'hôpital ; attendez que les contractions soient régulières aux 5 minutes depuis 1 heure pour la première grossesse, et aux 10 minutes depuis 1 heure pour les grossesses suivantes.	Évitez de rester couchée pendant cette période. Marchez ou choisissez une position confortable. Balancez le bassin tout en respirant.	*Entre les contractions:* Créez une stimulation non douloureuse en effleurant l'abdomen avec des mouvements circulaires. Frottez légèrement le sacrum du bas vers le haut. Contournez la hanche avec la main à partir du sacrum.
Travaille fort. Se sent bien. Gère la douleur des grosses contractions.	Aidez la femme à se détendre entre les contractions. Offrez-lui amour et soutien. Épongez-lui la bouche et le front. Placez les oreillers. Réconfortez-la.	Même chose. Relâchez les jambes, les fesses, les abdominaux et tout le corps pendant la contraction. L'accompagnant supporte le poids du corps.	*Lors des contractions:* Créez une stimulation douloureuse en appuyant sur les zones réflexes V 31 à V 34, VB 30 ou GI 4. Une stimulation douloureuse peut être créée sur toutes les autres zones réflexes (facultatif).

STADE	DURÉE	TYPE DE CONTRACTION	TECHNIQUE RESPIRATOIRE	TYPE DE CONTRACTION ET AJUSTEMENT
Stade 1: Phase active *(dilatation jusqu'à 10 cm)*	*Première grossesse:* 4 à 6 heures (maximum 11 à 12 heures). *Grossesses suivantes:* 2 à 3 heures (maximum 4 à 5 heures).	*Intensité:* très forte. *Forme:* débute abruptement, atteint plusieurs plateaux et cède rapidement. *Durée:* 60 à 90 secondes, jusqu'à 2 minutes. *Intervalle entre deux contractions:* 30 à 90 secondes.	Pratiquez la *respiration abdominale, soufflante ou chantante.* Entre les contractions, pratiquez la respiration abdominale et reposez-vous.	Combattez l'envie de pousser en changeant de position. Par exemple, mettez-vous à quatre pattes. Pratiquez la *respiration abdominale, bouche ouverte.* Faites de votre mieux en attendant la dilatation du col.
Stade 2: Expulsion du bébé *(dilatation complète)*	*Première grossesse:* 1 heure (maximum 3 heures). *Grossesses suivantes:* 1 heure (maximum 3 heures).	*Intensité:* forte. *Durée:* 60 secondes. *Intervalle entre les contractions:* 1 à 3 minutes.	Attendez le réflexe expulsif ou pratiquez la respiration expulsive. Expirez lentement en rentrant le nombril.	
Stade 3: Expulsion du placenta *(dilatation complète)*	En général, l'expulsion se fait dans les 30 minutes suivant l'expulsion.	Demande peu d'efforts de la mère.	Pendant les contractions, continuez à pratiquer les techniques pour moduler la douleur.	

ÉTAT DE LA MÈRE	RÔLE DE L'ACCOMPAGNANT	POSITIONS POUR CONFORT	MASSAGES
Peut se sentir dépassée par l'ampleur et la force des contractions. Peut se sentir nauséeuse, anxieuse, troublée. Peut suer abondamment. Peut avoir de la difficulté à se relaxer entre les contractions.	Soyez aidant et calme. Assistez la femme dans la pratique des respirations, des positions et des massages. Rappelez-lui que la naissance est imminente.	Ajoutez au besoin une position qui permet de relâcher le plus possible les muscles du ventre, les fesses et les jambes. L'accompagnant supporte le poids du corps. Les positions assise, semi-assise, couchée sur le côté, accroupie, ou la position à quatre pattes peuvent être pratiquées. Laissez le fœtus descendre jusqu'à la vulve.	Même chose qu'à la phase de latence.
Reprise d'énergie. Minimisez les pertes d'énergie. Demande beaucoup d'efforts, mais promet une belle récompense.	Intervenez si vous voyez que la femme n'expulse pas selon les indications reçues. Soyez doux et ferme à la fois.	Prenez la position sur le dos, suspendue, les genoux repliés (fig. 63) pour faciliter l'expulsion. Détendez les fesses.	Même chose qu'à la phase de latence.
Heureuse, soulagée, calme et détendue.	Même chose.		

ANNEXE

Valise de la mère
- Brosse à dents et dentifrice
- Peigne et brosse à cheveux
- Désodorisant
- Savon
- Compresses pour les seins
- Serviettes hygiéniques
- Culottes (2)
- Soutien-gorge (2)
- Robes de nuit légères, ouvertes pour allaiter
- Peignoir
- Pantoufles
- Crayon ou stylo
- Nom et numéro de téléphone des gens à avertir après la naissance
- Tenue de sortie du centre hospitalier (taille environ 4e mois de grossesse)
- Carte d'assurance-maladie
- Carte d'hôpital
- Papiers d'assurance-hospitalisation
- Numéro d'assurance sociale

N. B. Préparez votre valise au moins quatre semaines avant la date prévue de l'accouchement.

Valise du bébé
- Camisole
- Pyjama
- Bonnet
- Gilet
- Si c'est l'hiver, prévoir un ensemble de laine et un ensemble d'hiver
- Petite couverture à emmailloter
- Couverture plus grande pour le protéger du vent, même en été
- Siège d'auto pour bébé

Valise du partenaire
- Baume à lèvres
- Deux paires de chaussettes pour la femme et pour le partenaire
- Huile à massage
- Stylo feutre pour inscrire les points d'acupression
- Lecteur et disque de musique douce
- Gomme à mâcher et rince-bouche pour donner bonne haleine

- Collations (dans la chambre, évitez de manger des aliments qui dégagent une odeur forte et peuvent causer des nausées)
- Gilets légers à manches courtes (2)
- Sous-vêtements de rechange
- Balles de caoutchouc souples (2) pour faire une contre-pression aux muscles piriformes en cas de douleurs dans le dos

Trousseau du bébé
VÊTEMENTS
- Camisoles de coton à manches courtes (6)
- Pyjamas (taille 0 à 3 mois) (1 ou 2)
- Pyjamas (taille 3 à 6 mois) (4 à 6)
- Couches de coton (2 ou 3 douzaines)
- Épingles de sûreté (6)
- Sacs de couches jetables (2 ou 3)
- Culottes de vinyle (facultatif) (6)
- Petites couvertures de flanelle (6)
- Bavoir
- Draps-housses (3)
- Gilet
- Bonnet
- Chaussons (taille 6 mois) (2 ou 3 paires)
- Couverture chaude, en laine de préférence
- Sac à couches
- Lait maternisé si le bébé n'est pas allaité

NÉCESSAIRE DE TOILETTE
- Baignoire (facultatif)
- Petites serviettes de toilette (4)
- Cotons-tiges
- Tampons d'ouate
- Alcool
- Thermomètre rectal
- Petits ciseaux à bouts ronds
- Savon doux
- Huile non parfumée

NÉCESSAIRE MOBILIER
- Siège d'auto
- Couchette sécuritaire avec matelas ferme
- Table à langer (facultatif)

GLOSSAIRE

Acupression : Thérapeutique d'origine chinoise, consistant en l'application d'une pression ferme sur des points cutanés précis.

Acupuncture : Thérapeutique d'origine chinoise, consistant en l'introduction superficielle d'aiguilles très fines en des points cutanés précis.

Analgésie : Terme général qui désigne la disparition de la perception douloureuse, peu importe la technique employée.

Anesthésie : Absence ou disparition d'un ou de plusieurs types de sensibilités.

Anesthésie péridurale lombaire : Méthode d'anesthésie locale employée au cours du travail ou d'une césarienne qui vise à réduire les sensations douloureuses liées à la naissance.

Autogène (relaxation) : Qui est engendrée par soi-même.

Bascule pelvienne : Exercice destiné à atténuer le mal de dos et à tonifier les muscles abdominaux.

Césarienne : Intervention chirurgicale qui consiste à inciser l'utérus de la femme enceinte pour en extraire le fœtus et le placenta.

Chambre de naissance : Chambre où le travail et l'accouchement peuvent se dérouler.

Col de l'utérus : Partie inférieure de l'utérus qui s'ouvre dans le vagin.

Contraction : Resserrement et raccourcissement des muscles de l'utérus au cours du travail, contribuant à la descente du fœtus.

Contracture : Contraction musculaire involontaire.

Diastase des grands droits : Écart entre les muscles grands droits, entraînant une ouverture de la paroi abdominale. Chez la femme, il apparaît parfois après plusieurs accouchements ou après une grossesse multiple (jumeaux).

Distension : Allongement, élargissement et gonflement d'un corps élastique sous tension.

Douleur : Expérience sensorielle et émotionnelle désagréable résultant d'une lésion tissulaire réelle ou potentielle. La douleur est une expérience subjective associée à notre perception de l'événement et influencée par nos expériences passées.

Effacement du col : Amincissement et raccourcissement du col de l'utérus se produisant à la fin de la grossesse et au cours du travail.

Effleurage abdominal : Méthode de soulagement de la douleur qui consiste à passer doucement le bout des doigts sur l'abdomen.

Endorphines : Substances présentes dans diverses structures du système nerveux central et douées d'une action sédative et analgésique puissante.

Épidurale : Voir *Anesthésie péridurale lombaire*.

Épisiotomie : Section chirurgicale du périnée destinée à agrandir l'orifice vulvaire et à faciliter la sortie du bébé.

Fascia : Membrane de tissu conjonctif qui enveloppe des groupes de muscles et certains organes dont elle assure le maintien.

Fausses contractions: Contractions intermittentes et indolores de l'utérus se produisant aux 10 à 20 minutes. Elles sont plus fréquentes vers la fin de la grossesse.

Faux travail: Contractions régulières ou non, parfois assez intenses de l'utérus, pouvant ressembler au vrai travail, mais qui n'entraînent pas la dilatation du col.

Hypertension: Élévation de la tension artérielle au repos.

Hyperventilation: Respiration anormalement profonde ou rapide, habituellement causée par l'anxiété. L'hyperventilation provoque un taux anormal de gaz carbonique dans le sang.

Hypotension: Diminution de la tension artérielle.

Imagerie mentale: Activité de production d'images mentales.

Méridien: Trajet de circulation de l'énergie dans le corps, employé en acupuncture et en acupression. Les méridiens forment un réseau qui relie les différents éléments internes et externes du corps et régularise le fonctionnement de l'organisme entier.

Modulation de la douleur: Variation ou changement de la douleur grâce à différents procédés physiques, psychologiques ou pharmacologiques.

Moniteur fœtal: Enregistrement de l'électrocardiogramme et de la fréquence cardiaque du fœtus par un moniteur électronique permettant la détection de troubles et leur éventuelle correction.

Neurophysiologie: Étude du fonctionnement du système nerveux.

Péridurale: Voir *Anesthésie péridurale lombaire.*

Périnée: Triangle de tissus fibromusculaires situé entre le vagin et l'anus chez la femme, entre le scrotum et l'anus chez l'homme.

Perte du bouchon muqueux: Signe précurseur du travail. La perte du bouchon muqueux s'accompagne de l'écoulement d'une petite quantité de sang provenant des capillaires exposés du col de l'utérus.

Pharmacologiques (interventions): Interventions utilisant des médicaments.

Placenta: Organe joignant le fœtus à la paroi utérine et permettant les échanges de gaz carbonique et de matières nutritives.

Plancher pelvien: Ensemble de muscles qui couvrent le plancher du petit bassin.

Présentation du siège: Présentation du bébé par les fesses et/ou les pieds (plutôt que par la tête) au moment de l'accouchement.

Relaxine: Hormone sécrétée par le corps jaune, qui assouplit l'os pubien et entraîne la dilatation du col.

Sédatif: Produit pharmacologique ou non, maintenant la personne éveillée mais relativement plus calme.

Travail: Processus permettant l'expulsion du bébé de l'utérus.

Utérus: Organe creux et musculaire dans lequel s'implante l'ovule fécondé et où le fœtus en voie de développement est nourri jusqu'à l'accouchement.

Vagin: Tube musculo-membraneux qui relie les organes génitaux externes à l'utérus.

Veine cave: Vaisseau ramenant le sang vers le cœur, drainant la circulation en général.

Visualisation: Perception d'une image créée par la volonté comme sensation visuelle objective.

Vulve: Organes génitaux externes de la femme.

Zone réflexe: Zone cutanée dont la stimulation, même légère, déclenche des douleurs locales et avoisinantes.

NOTES

1. Hughey, M. J., McElin, T. W. et T. Young, «Maternal and Fetal Outcomes of Lamaze-Prepared Patients», *Obstetrics & Gynecology,* 51, 6 (1978), p. 643-647.

2. Doering, S. G. et D. R. Entwisle, «Preparation during pregnancy and ability to cope with labor and delivery», *American Journal of Orthopsychiatry,* 45, 5 (1975), p. 825-837.

3. Nicholson, J., Gist, N. F., Klein, R. P. et K. Standley, «Outcomes of father involvement in pregnancy and birth», Birth, 10, 1 (1983), p. 5-9.

4. Markman, H. J. et F. S. Kadushin, «Preventive effects of Lamaze training for first-time parents: A short-term longitudinal study», *Journal of Consulting and Clinical Psychology,* 54, 6 (1986), p. 872-874.

5. Wente, A. S. et S. B. Crockenberg, «Transition to fatherhood: Lamaze preparation, adjustment difficulty and the husband-wife relationship», *Family Coordinator,* October 1976, p. 315-357.

6. Weaver, R. H. et M. S. Cranley, «An exploration of paternal-fetal attachment behavior», *Nursing Research,* 32, 2 (1983), p. 68-72.

7. L'auteure a agi comme médiatrice familiale pendant plusieurs années, mandatée par le ministère de la Justice du Québec pour assister les couples dans la négociation de leur séparation.

8. Melzack, R., Taenzer, P., Feldman, P. et R. A. Kinch, «Labour is still painful after prepared childbirth training», *Canadian Medical Association Journal,* 125 (1981), p. 357-363.

9. Melzack, R., «Labour pain as a model of acute pain», Pain, 53 (1993), p. 117-120.

10. Chenard, J.-R., Charest, J. et B. Lavignolle, *Lombalgie: dix étapes sur les chemins de la guérison.* École interactionnelle du dos, Masson, Paris, 1991, 375 pages.

11. Beckmann M. M., Garrett, A. J. «Antenatal perineal massage for reducing perineal trauma». *Cochrane Database of Systematic Reviews,* (2006), Issue 1. Art. no.: CD005123. DOI: 10.1002/14651858.CD005123.pub2.

12. Chenia, F. et C. A. Crowther, «Does advice to assume the knee-chest position reduce the incidence of breech presentation at delivery? A randomized clinical trial», *Birth,* 14 (1987), p. 75-78.

13. Cronenwett, L. R. et L. L. Newmark, «Fathers' responses to childbirth», *Nursing Research,* 23, 3 (1974), p. 210-217.

14. Block, C. R., Norr, K. L., Meyering, S., Norr, J.-L. et A. G. Charles, «Husband gatekeeping in childbirth», *Family Relations,* April (1981), p. 197-204.

15. Lindblom, U., Merskey, H., Mumford, J.-M., Nathan, P. W., Noordenbos, W. et S. Sunderland, «Pain terms: A current list with definitions and notes on usage». In: H. Merskey (Ed.), *Classification of chronic pain: description of chronic pain syndromes and definitions of pain terms,* Elsevier, Amsterdam, 1986, p. s215-s221.

16. Nettelbladt, P., Fagerström, C. F. et N. Uddenberg, «The significance of reported childbirth pain», *Journal of Psychosomatic Research,* 20 (1976), p. 215-221.

17. Norr, K. L., Block, C. R., Charles, A., Meyering, S. et E. Meyer, «Explaining pain and enjoyment in childbirth», *Journal of Health and Social Behavior,* 18 (1977), p. 260-275.

18. Lowe, N. K., «Explaining the pain of active labor: The importance of maternal confidence», *Research in Nursing & Health,* 12 (1989), p. 237-245.

19. Melzack, R. et E. Bélanger, «Labor pain: Correlations with menstrual pain and acute low-back pain before and during pregnancy», *Pain,* 36 (1989), p. 225-229.

20. Bonica, J., «Labour pain». In: P. D. Wall et R. Melzack (Eds.), *Textbook of pain,* Vol. 3, Churchill Livingstone, New York, 1994, p. 615-641.

21. Price, D. D., Harkins, S. W. et C. Baker, «Sensory-affective relationships among different types of clinical and experimental pain», *Pain,* 28 (1987), p. 297-307.

22. Nettelbladt, P., Fagerström, C.F. et N. Uddenberg, «The significance of reported childbirth pain», *Journal of Psychosomatic Research,* 20 (1976), p. 215-221.

23. Liebeskind, J.-C., «Pain can kill», *Pain,* 44 (1991), p. 3-4.

24. Brownridge, P., «The nature and consequences of childbirth pain», *European Journal of Obstetrics & Gynecology and Reproductive Biology,* 59, Suppl. (1995), p. S9-S15.

25. Bonica, J., «Labour pain». In: P. D. Wall et R. Melzack (Eds.), *Textbook of pain,* Vol. 3, Churchill Livingstone, New York, 1994, p. 615-641.

26. Melzack, R. et K. L. Casey, «Sensory, motivational and central control determinants of pain: A new conceptual model». In: D. R. Kenshalo (Ed.), *Skin senses,* Thomas, Springfield, Illinois, 1968, p. 423-443.

27. Price, D. D., Barrell, J.-J. et R.H. Gracely, «A psychophysical analysis of experimental factors that selectively influence the effective dimension of pain», *Pain,* 8 (1980), p. 137-149.

28. Price, D. D., Harkins, S. W. et C. Baker, «Sensory-affective relationships among different types of clinical and experimental pain», *Pain,* 28 (1987), p. 297-307.

29. Crawford, J.-S., «Continuous lumbar epidural analgesia for labor and delivery», *British Medical Journal,* 1, 6177 (1979), p. 1560-1561.

30. Cunningham, F. G., MacDonald, P. C., Gant, N. F., Leveno, K. J. et L. C. Gilstrap, *Williams Obstetrics,* Appleton et Lange, Norwalk, Connecticut, 1993, 297 pages.

31. Bonica, J., «Labour pain». In: P. D. Wall et R. Melzack (Eds.), *Textbook of pain,* Vol. 3, Churchill Livingstone, New York, 1994, p. 615-641.

32. Ploeckinger, B., Ulm, M. R., Chalubinski, K. et W. Gruber, «Epidural anaesthesia in labour: Influence on surgical delivery rates, intrapartum fever and blood loss», *Gynecologic and Obstetric Investigation,* 39, 1 (1995), p. 24-27.

33. Hawkins, J.-L., Hess, K. R., Kubicek, M. A., Joyce, T. H. 3rd et D. H. Morrow, «A reevaluation of the association between instrument delivery and epidural analgesia», *Regional Anesthesia,* 20, 1 (1995), p. 50-56.

34. Institut Canadien d'information sur la santé. *Donner naissance au Canada: Tendances régionales de 2001-2002 à 2005-2006.* Ottawa, ICIS, 2007.

35. Paull, J. E., «Epidural analgesia: How safe and how effective?» *International Journal of Gynecology & Obstetrics,* (1991), p. 65-70. (Abstract)

36. Kane, K. et A. Taub, «A history of local electrical analgesia», *Pain,* 1 (1975), p. 125-138.

37. Tyler, E., Caldwell, C. et J. N. Ghia, «Transcutaneous electrical nerve stimulation: An alternative approach to the management of postoperative pain», *Anesthesia and analgesia,* 61, 5 (1982), p. 449-456.

38. Marchand, S., *Le phénomène de la douleur,* McGraw-Hill, Montréal, 1997, p. 203-243.

39. Melzack, R. et P. D. Wall, «Pain mechanisms: A new theory», *Science,* 150 (1965), p. 971-979.

40. Le Bars, D., Dickenson, A. H. et J.-M. Besson, «Diffuse Noxious Inhibitory Controls (DNIC) I. Effects on dorsal horn convergent neurones in the rat», *Pain,* 6 (1979a), p. 283-304.

41. Le Bars, D., Dickenson, A. H. et J.-M. Besson, «Diffuse Noxious Inhibitory Controls (DNIC) II. Lack of effect on non-convergent neurones, supraspinal involvement and theoretical implications», *Pain,* 6 (1979b), p. 305-327.

42. Wieland Ladewig, P., London, M. L. et S. Brookens Olds, *Soins infirmiers: maternité et néonatalogie,* Éditions du Renouveau Pédagogique, Saint-Laurent, 1992, 1002 pages.

43. Friedman, E. A., «Normal labor». In: Emanuel A. Friedman (Ed.), *Labor: Clinical evaluation and management,* Vol. 2, Appleton-Century-Crofts, New York, 1978, p. 1-58.

44. Roberts, J. E., Goldstein, S. A., Gruener, J.-S., Maggio, M. et C. Mendez-Bauer, «A descriptive analysis of involuntary bearing-down efforts during the expulsive phase of labour», *Journal of Obstetric, Gynecologic & Neonatal Nursing,* 16 (1987), p. 48-55.

45. Calais-Germain, B., *Le périnée féminin et l'accouchement,* Éditions DésIris, Méolans-Revel, 1996, 158 pages.

46. Roberts, J., «Maternal position during the first stage of labour». In: I. Chalmers, M. Enkin et M.J.N.C. Keirse (Eds.), *Effective care in pregnancy and childbirth,* Oxford University Press, 1989, p. 883-892.

47. Roberts, J. E., Mendez-Bauer, C. et D.A. Wodell, «The effects of maternal position on uterine contractility and efficiency», *Birth,* 10, 4 (1983), p. 243-249.

48. Caldeyro-Barcia, R., «The influence of maternal position on time of spontaneous rupture of the membranes, progress of labor, and fetal head compression», *Birth and the Family Journal,* 6, 1 (1979), p. 7-15.

49. Calais-Germain, B., *Le périnée féminin et l'accouchement,* Éditions DésIris, Méolans-Revel, 1996, 158 pages.

50. Allahbadia, G. N. et P. R. Vaidya, «Squatting position for delivery», *Journal of the Indian Medical Association,* 91, 1 (1993), p. 13-16.

51. Golay, J., Vedam, S. et L. Sorger, «The squatting position for the second stage of labor: effects on labor and on maternal and fetal well-being», *Birth,* 20, 2 (1993), p. 73-78.

52. Gardosi, J., Hutson, N. et C. B. Lynch, «Randomised, Controlled trial of squatting in the second stage of labour», Lancet, 2 (1989), p. 74.

53. Levitt, C., Hanvey, L., Avard, D., Chance G. et J. Kaczorowski, *Enquête sur les pratiques et les soins de routine dans les hôpitaux canadiens dotés d'un service d'obstétrique*, Ottawa, Santé Canada, 1995.

54. McKay, S., «Second stage labor: Has tradition replaced safety?» *American Journal of Nursing*, 81 (1981), p. 1016-1019.

55. McKay, S. et J. Roberts, «Maternal position during labor and birth: What have we learned?» *International Childbirth Education Association*, 13, 2 (1989), p. 19-30.

56. Roberts, J., «Alternative positions for childbirth, Part 2: Second stage labor», *Journal of Nurse-Midwifery*, 25, 5 (1980), p. 13-19.

57. Roberts, J. E., Goldstein, S. A., Gruener, J.-S., Maggio, M. et C. Mendez-Bauer, «A descriptive analysis of involuntary bearing-down efforts during the expulsive phase of labour», *Journal of Obstetric, Gynecologic & Neonatal Nursing*, 16 (1987), p. 48-55.

58. Sleep, J., Roberts, J. et I. Chalmers, «Care during the second stage of labour». In: I. Chalmers, M. Enkin et M.J.N.C. Keirse (Eds.), *Effective care in pregnancy and childbirth*, Oxford University Press, 1989, p. 1129-1136.

59. Calais-Germain, B., *Le périnée féminin et l'accouchement*, Éditions DésIris, Méolans-Revel, 1996, 158 pages.

60. McKay, S. et J. Roberts, «Maternal position during labor and birth: What have we learned?» *International Childbirth Education Association*, 13, 2 (1989), p. 19-30.

61. Calais-Germain, B., *Le périnée féminin et l'accouchement*, Éditions DésIris, Méolans-Revel, 1996, 158 pages.

62. Auteroche, B., *Acupuncture en gynécologie et obstétrique*, Éditions Maloine, Paris, 1986, 308 pages.

63. Beal, M. W., «Acupuncture and related treatment modalities. Part II: Applications to antepartal and intrapartal care», *Journal of Nurse-Midwifery*, 37, 4 (1992), p. 260-268.

64. Rempp, C. et A. Bigler, *La pratique de l'acupuncture*, Éditions La Tisserande, Paris, 1992, 215 pages.

65. Salagnac, B., *Naissance et acupuncture*, 3ᵉ éd., Éditions Maisonneuve, Montréal, 1998, 212 pages.

66. Dick-Read, G. D., *Childbirth without fear: The principles and practice of natural childbirth*, Harper and Brothers, New York, 1953, 298 pages.

67. Jacobson, E., *Progressive relaxation*, University of Chicago Press, 1968, 496 pages.

68. Schultz, J. H., *Le training autogène*, Presses Universitaires de France, 1968, 274 pages.

69. Peper, E. et M. MacHose, «Symptom prescription: Inducing anxiety by 70% exhalation», Biofeedback and Self Regulation, 18, 3 (1993), p. 133-139.

70. Marchand, S., *Le phénomène de la douleur*, McGraw-Hill, Montréal, 1997.

71. Clément, J., *Relaxation et visualisation par l'imagerie mentale*, Les éditions du IIIᵉ Millénaire, Sherbrooke, 1991, 212 pages.

72. Gawain, S., *Techniques de visualisation créatrice*, Éditions Vivez Soleil, 9ᵉ édition, 1991, 185 pages.

73. Klemp, H., *The spiritual exercises of Eck*, Eckankar, Minneapolis, 1993, 306 pages.

REMERCIEMENTS

De tout cœur, je remercie mon amie et collègue sage-femme française, Sylvaine Suire, pour son soutien inconditionnel, ses conseils techniques et sa sagesse lors de la rédaction de cette nouvelle édition. Son expérience en obstétrique et en suivi global auprès des parents a contribué à enrichir cet ouvrage, notamment pour la prise de conscience du périnée profond et pour les positions lors du travail et de l'accouchement.

Un gros merci à Lysane Lemire, formatrice et amie, et à mon conjoint Lawrence Thériault. Grâce à leur enthousiasme et à leur joie de vivre, ils m'aident à garder le cap sur ce qui importe dans la vie.

Finalement, merci à Joanne Steben, infirmière et formatrice au Centre hospitalier de l'Université de Montréal, ainsi qu'à tous les formateurs et parents qui me permettent de les assister pour faire de la naissance un événement heureux.

Suivez les Éditions de l'Homme sur le Web

Consultez notre site Internet et inscrivez-vous à l'infolettre pour rester informé
en tout temps de nos publications et de nos concours en ligne. Et croisez aussi
vos auteurs préférés et l'équipe des Éditions de l'Homme sur nos blogues!

EDITIONS-HOMME.COM

Achevé d'imprimer au Canada